数字经济助推产业转型升级的机制与路径研究

张永丹　马慧莲◎著

中国商业出版社

图书在版编目（CIP）数据
数字经济助推产业转型升级的机制与路径研究 / 张永丹，马慧莲著. -- 北京 : 中国商业出版社，2025. 3.
ISBN 978-7-5208-3328-8
Ⅰ. F269.24-39
中国国家版本馆CIP数据核字第2025111LQ5号

责任编辑：滕　耘

中国商业出版社出版发行
（www.zgsycb.com　100053　北京广安门内报国寺 1 号）
总编室：010-63180647　编辑室：010-83118925
发行部：010-83120835/8286
新华书店经销
优彩嘉艺（北京）数字科技有限公司印刷
*
710 毫米 ×1000 毫米　16 开　12.25 印张　200 千字
2026 年 1 月第 1 版　2026 年 1 月第 1 次印刷
定价：60.00 元
****

（如有印装质量问题可更换）

前 言

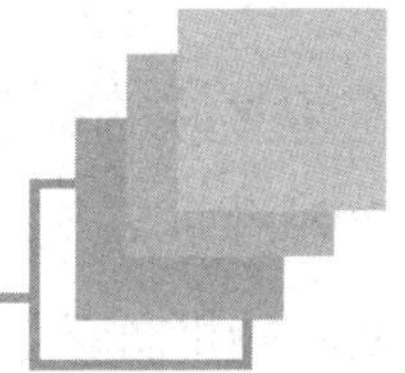

当今时代，数字经济正以前所未有的速度和规模蓬勃发展，深刻地改变着全球经济的格局和人类社会的生活方式。数字经济是互联网、云计算、大数据、人工智能等新一代信息技术与经济社会各个方面深度融合后产生的结果，是引领全球经济增长的重要引擎之一。作为一种新型经济形态，其本质是通过数字化的知识和信息作为关键生产要素，以现代信息网络作为重要载体，以信息通信技术的有效使用作为效率提升和经济结构优化的重要推动力。这种新型经济形态不仅为传统产业带来了新的发展机遇，也为新兴产业的崛起提供了广阔的空间。

我国数字经济目前已经进入快速发展时期，各项指标位居世界前列，数字技术与传统经济持续融合，我国已成为名副其实的数字经济大国。继工业化之后，数字化将成为带动我国经济增长的核心动力和未来我国落实国家重大战略的关键力量。作为信息技术深入发展而产生的一种新的经济形态，数字经济也面临着新的生产方式与传统的生产方式、新的规则要求与传统习惯之间产生的冲突。我国经济进入高质量发展阶段后，产业转型升级面临数字经济这一时代命题。数字经济改变了传统的生产要素结构、生产方式、消费方式、产业形态和经济增长机制，推动了经济发展方式的转变。

基于此，我们著成了《数字经济助推产业转型升级的机制与路径研究》一书，结合我国国情探讨数字经济下我国产业的转型升级问题。本书在编写过程中，收集、查阅和整理了大量文献资料，在此对学术界前辈、同人和所有为此书编写工作提供帮助的人员致以衷心的感谢！

本书是2024年度省属本科高校基本科研业务费项目“数字经济赋能新质生产力发展研究”（项目编号：2024-KYYWF-E004）的阶段性研究成果，还受到2023年度黑龙江省优秀青年教师基础研究支持计划“数字经济对企业信用风险的影响机制研究”（项目编号：YQJH2023003）的重点资助。

由于篇幅有限，因此本书的研究可能存在错漏与不足，恳请各位专家、学者及广大读者提出宝贵意见和建议。

目 录

第一章

数字经济概述

第一节　数字经济的概念演进

一、数字经济的起源与解析

“数字经济”这一概念的诞生标志着全球经济进入了全新的发展阶段。它的起源可以追溯至20世纪90年代——那个计算机技术蓬勃发展、信息技术日新月异的时代。随着技术的飞跃，数字经济逐渐崭露头角，成为引领全球经济发展的新动力。

1996年，美国学者唐·泰普斯科特（Don Tapscott）在其划时代的著作《数字经济：网络智能时代的前景与风险》中，首次提出了“数字经济”这一术语。这一术语的提出，不仅是对当时经济现象的一种总结，更是对未来经济发展趋势的一种预见。Don Tapscott指出，信息和通信技术（Information and Communications Technology，ICT）正以前所未有的速度驱动着经济模式的深刻变革。

当人们深入探讨数字经济的内涵时，会发现它并非仅仅是信息技术在经济活动中的应用那么简单。数字经济实际上是通过互联网和信息技术，将传统经济活动进行数字化、网络化和智能化的全面升级。这种升级不仅改变了经济活动的形式和过程，更深刻地影响了经济发展的本质。

在数字经济中，数据成了一种新的生产要素，它像石油一样，是推动经济发展的重要能源。通过对数据的收集、处理和分析，可以更精准地把握市场需求、优化资源配置、提高生产效率。同时，数字经济还打破了传统经济的地理界限，使得经济活动可以在全球范围内自由流动和高效协作。

随着全球化进程的加速和信息技术的不断发展，数字经济的影响力正在不断扩大。它不仅在发达国家中扮演着重要角色，更在发展中国家和地区中展现出巨大的潜力。数字经济正成为全球经济发展的重要引擎，推动着世界经济的持续增长和转型升级。

二、数字经济的含义

数字经济作为当代经济发展的重要形态，其内涵与外延均随着技术的进步与社会的变革而不断演进。数字经济并非单一的技术或产业，而是一种由多种先进理论和技术共同驱动的经济形态。

首先，数字经济以数字技术为核心驱动力。这里的数字技术，不仅包括了传统的计算机技术和互联网技术，还涵盖了大数据、云计算、人工智能、区块链等一系列前沿技术。这些技术相互融合、相互促进，共同构成了数字经济的核心技术体系。

其次，数字经济以数字化的信息和数据为生产要素。在数字化时代，信息和数据已经成为经济活动不可或缺的一部分。它们不仅记录了经济活动的全过程，更成为经济活动的重要资源。通过对海量数据的收集、存储、分析和应用，人们可以更加深入地了解市场、消费者和产业链，从而作出更加精准、高效的决策。

再次，数字经济利用现代信息网络，以信息和通信技术为基础设施。这些基础设施不仅包括了传统的通信网络、数据中心等硬件设施，还包括了云计算平台、大数据处理平台等软件平台。这些基础设施为数字经济的运行奠定了坚实的基础，使得信息和数据能够在全球范围内快速、高效地流动和共享。

最后，数字经济通过互联网等新型媒介来开展经济活动。互联网作为数字经济的重要载体，已经深刻地改变了人们的生产、生活和消费方式。通过电子商务平台、在线教育平台、远程医疗平台等新型媒介，人们可以更加便捷地获取信息、购买商品、接受教育、享受服务。这不仅提高了经济活动的效率，也丰富了人们的生活方式。

数字经济的本质，是信息技术与经济活动的深度融合。这种融合不仅推动了经济的数字化转型，还实现了经济活动的高效化、智能化和全球化。数字经济不仅改变了传统的生产和消费方式，还催生了新的商业模式和经济形态。例如，共享经济、平台经济、虚拟现实经济等新兴经济形态的出现，都是数字经济深度发展的结果。这些新兴经济形态不仅为经济发展注入了新的活力，也为人们提供了更加便捷、高效、智能的服务和体验。

总之，数字经济作为当代经济发展的重要形态，其内涵丰富、外延广泛。它不仅是信息技术与经济活动深度融合的产物，还是推动经济高质量发展的重要力量。在未来，随着技术的不断进步和社会的不断变革，数字经济将会迎来更加广阔的发展空间和更加美好的未来。

三、数字经济的演进阶段

数字经济的发展经历了多个阶段，每个阶段都有其独特的发展特征和驱动力。下面将详细阐述数字经济的发展演进过程，涵盖了从信息化阶段到数字化阶段的各个重要里程碑。

（一）信息化阶段（20 世纪 70 年代至 90 年代）

1. 计算机技术的普及与数据的觉醒

在信息化阶段的初期，计算机技术的普及不仅是一场技术革命，更是一次数据的觉醒。计算机的出现，使得原本庞大而繁杂的数据得到了前所未有的处理可能，数据的价值开始逐渐为人们所认识。这一阶段，计算机技术的普及为数据的收集、存储、处理和分析提供了基础工具，为信息化的发展奠定了坚实的基础。

2. 数据处理与管理的革新

随着计算机技术的深入发展，数据处理和管理逐渐成为信息化阶段的核心。

通过计算机系统进行信息管理、财务管理、库存管理等，不仅大幅提升了管理效率，更使数据成为决策的重要依据。数据的价值在这一阶段得到了更加深入的挖掘和利用，为企业和组织带来了前所未有的竞争优势。

3. 信息系统的集成与升级

20世纪80年代，信息系统的应用逐渐增多，企业资源计划（Enterprise Resource Planning，ERP）、客户关系管理（Customer Relationship Management，CRM）、供应链管理（Supply Chain Management，SCM）等信息系统的出现，标志着信息化阶段进入了一个新的高度。这些信息系统的应用，不仅使企业内部信息流通更加顺畅，业务流程更加高效，还实现了信息的集成和共享，为企业的战略决策提供了有力支持。

4. 网络的扩展与信息的流动

在信息化阶段的后期，局域网（Local Area Network，LAN）和广域网（Wide Area Network，WAN）的建设逐渐普及，网络的扩展使得信息的流动更加迅速和便捷。信息技术的发展为下一阶段的互联网化奠定了坚实的基础，同时也预示着数字经济即将进入一个新的发展阶段——数字化阶段。在这个阶段，信息的流动不再受限于物理空间，而是可以跨越时空的限制，实现全球范围内的信息共享和交流。这不仅极大地促进了知识和技术的传播，也为数字经济的发展提供了无限可能。

（二）互联网化阶段（20世纪90年代至21世纪初）

1. 互联网的兴起与信息技术的革命

互联网的崛起是信息技术革命的重要标志，它彻底改变了信息传递的方式和效率。在这一阶段，网络技术、数据传输技术、通信技术等得到了飞速发展，共同构建了互联网的庞大体系。这种技术的飞跃，不仅为信息化向互联网化阶段的过渡提供了可能，也为后续数字化阶段的发展奠定了基础。

2. 电子商务与商业模式的创新

电子商务的兴起是互联网化阶段的重要里程碑。它打破了传统商业模式的地域和时间限制，使得企业能够通过网络直接与消费者进行交易。这不仅极大地提高了交易的效率和便捷性，也促进了商业模式的创新和变革。同时，电子商务平台通过大数据分析、精准营销等手段，进一步提升了用户体验和企业竞争力。

3. 信息共享与知识管理的升级

随着互联网的普及，信息共享和知识管理的重要性日益凸显。企业通过建立内部网和外部网，实现了信息的快速传递和共享。这不仅提高了企业的协同工作效率，也促进了知识管理的升级。在这一阶段，知识管理从简单的信息存储和检索，发展到知识的挖掘、整合和创新，为企业的发展提供了强大的智力支持。

4. 网络服务的繁荣与生活的数字化

网络服务的兴起是互联网化阶段的另一重要特征。网络银行、在线教育、网络娱乐等各类服务的繁荣，不仅为人们提供了更加便捷的生活方式，也推动了社会的数字化进程。在这一阶段，人们的生活越来越离不开互联网，互联网已经成为人们生活中不可或缺的一部分。

5. 信息安全的挑战与技术的应对

互联网化阶段虽然带来了信息共享的便利，但也带来了信息安全的挑战。黑客攻击、病毒传播、信息泄露等问题不断涌现，给企业和个人带来了极大的损失。为了应对这些挑战，人们不断研发新的安全技术，如防火墙、入侵检测系统、数据加密等，以保护信息的安全和完整。同时，人们也加强了对信息安全的管理和监管，以确保网络环境的健康和稳定。

（三）数字化阶段（21 世纪初至今）

1. 大数据技术的兴起

大数据技术的兴起是数字化阶段的一个重要标志。大数据指的是无法用传统数据处理方法处理的海量数据集合，其主要特点是数据量大、数据种类多、处理速度快和数据价值高。大数据技术的兴起源于互联网、移动互联网和物联网的快速发展，这些技术使得数据的生成和采集变得前所未有的便捷与广泛。

大数据技术的出现不仅是技术的进步，更是经济和社会发展的新动力。在企业管理中，大数据技术被广泛应用于市场分析、用户画像、精准营销等领域，以帮助企业作出更加科学和精准的决策。在政府治理中，大数据技术被用于公共安全、城市管理、环境保护等方面，提高了政府的管理效率和服务水平。此外，大数据还在医疗健康、金融服务、教育等多个领域发挥着重要作用，推动了各行业的数字化转型和创新发展。

大数据技术的应用不仅提高了数据的利用率，还改变了传统的商业模式和运营方式。例如，在电商领域，通过对用户行为数据的分析，可以实现个性化推荐，提高用户的购买率和满意度；在金融领域，通过对交易数据的分析，可以有效识别和防范金融风险，提高金融服务的质量和安全性。

2. 人工智能技术的应用

人工智能（Artificial Intelligence，AI）是数字化阶段的另一重要技术驱动力。人工智能技术的快速发展，使得数字经济的智能化水平大幅提升。人工智能技术通过机器学习、深度学习、自然语言处理等技术，实现了对海量数据的自动分析和处理，能够模拟和扩展人类的智能行为。

人工智能技术的应用范围非常广泛。在制造业，人工智能技术被用于智能制造和工业自动化，通过智能算法和机器人技术，实现生产过程的自动化和智能化，大幅提高生产效率和产品质量。在金融领域，人工智能技术被用于智能投资顾问、风险管理、反欺诈等方面，通过对大量金融数据的分析和建模，提供精准的投资建议和风险预测。在医疗健康领域，人工智能技术被用于疾病诊断、药物研发、健康管理等方面，通过对医学影像和病历数据的分析，提供精准的诊断和治疗方案，提高医疗服务的质量和效率。

人工智能技术的应用不仅提升了各行业的生产力和服务水平，还推动了新兴产业的快速发展。例如，自动驾驶、智能家居、智能机器人等新兴产业的崛起，为经济增长注入了新的动力。人工智能技术的不断进步和应用，将进一步推动数字经济的智能化发展，实现经济和社会的全面升级。

3. 物联网技术的普及

物联网（Internet of Things，IoT）是数字化阶段的重要组成部分，指的是通过互联网将各种物理设备和传感器连接起来，实现数据的采集、传输和处理的技术。物联网技术的普及，使得各类设备和系统之间能够实现实时的信息交换与协同工作，推动了各行业的数字化和智能化发展。

在制造业，物联网技术被用于智能制造和工业物联网，通过对生产设备的实时监控和数据分析，实现生产过程的智能化和自动化，提高生产效率和产品质量。在智慧城市建设中，物联网技术被用于交通管理、环境监测、能源管理等方面，通过对城市基础设施的实时监控和数据分析，提升城市的管理效率和服务水平。在农业领域，物联网技术被用于智能农业和精准农业，通过对土壤、气象、作物等数据的实时监测和分析，优化农业生产过程，提高农业生产效率和农产品质量。

物联网技术的应用不仅提升了各行业的运营效率和服务水平，还推动了新兴产业的发展。例如，智能家居、智慧医疗、智能交通等新兴产业的崛起，为经济增长注入了新的动力。物联网技术的不断进步和普及，将进一步推动数字经济的发展，实现经济和社会的全面升级。

4. 云计算技术的广泛应用

云计算技术是数字化阶段的重要技术基础之一，它可以通过互联网提供计算资源和服务。云计算技术的广泛应用，使得计算资源的获取和使用变得更加灵活和便捷，降低了信息化建设的成本，提高了信息化的效率。

在企业管理中，云计算技术被广泛应用于企业资源计划、客户关系管理、供应链管理等信息系统，通过云计算平台提供的计算资源和服务，提升了企业的信息化水平和运营效率。在政府治理中，云计算技术被用于电子政务、公共服务、智慧城市等领域，通过云计算平台提供的计算资源和服务，提升了政府的管理效率和服务水平。在教育领域，云计算技术被用于在线教育、教育管理、教育资源共享等方面，通过云计算平台提供的计算资源和服务，提升了教育的信息化水平和教学质量。

云计算技术的应用不仅提升了各行业的信息化水平和运营效率，还推动了新兴产业的发展。例如，云计算平台、云存储服务、云应用服务等新兴产业的崛起，为经济增长注入了新的动力。云计算技术的不断进步和应用，将进一步推动数字经济的发展，实现经济和社会的全面升级。

5. 区块链技术的创新

区块链技术作为一种去中心化的分布式账本技术，为数字经济的发展提供了新的思路。区块链技术通过密码学和共识机制，实现了数据的安全存储和可信传输，具有去中心化、不可篡改、可追溯等特点，为解决信任和安全问题提供了创新的解决方案。

在金融领域，区块链技术被用于数字货币、跨境支付、智能合约等方面，通过区块链技术实现交易的安全性和透明性，提高金融服务的效率和安全性。在供应链管理中，区块链技术被用于商品溯源、物流管理等方面，通过区块链技术实现商品信息的透明和可追溯，提高供应链的管理效率和安全性。在版权保护中，区块链技术被用于数字版权管理、知识产权保护等方面，通过区块链技术实现版权信息的透明和可追溯，提高版权保护的效率和公平性。

区块链技术的应用不仅提升了各行业的信息安全和管理效率，还推动了新兴产业的发展。例如，区块链平台、区块链应用服务、区块链技术开发等新兴产业的崛起，为经济增长注入了新的动力。区块链技术的不断进步和应用，将进一步推动数字经济的发展，实现经济和社会的全面升级。

6. 数字平台经济的兴起

数字平台经济是数字化阶段的重要特征之一，指的是通过数字平台实现供需双方的连接和资源的高效配置。数字平台经济的兴起，改变了传统的经济模式和商业模式，推动了经济的高效发展。

在电子商务领域，数字平台通过连接消费者和商家，实现商品和服务的在线交易，改变了传统的商业模式。例如，亚马逊、阿里巴巴等电子商务平台的兴起，使得消费者可以通过互联网便捷地购买商品和服务，提升了消费体验和交易效率。在共享经济领域，数字平台通过连接资源拥有者和需求者，实现资源的共享和高效利用，改变了传统的商业模式。例如，Uber、Airbnb 等共享经济平台的兴起，使得人们可以通过互联网便捷地获取交通、住宿等服务，提升了资源的利用率和服务的便利性。在社交媒体领域，数字平台通过连接用户和内容，推动了信息的传播和共享，改变了传统的媒体模式。例如，Facebook、Twitter 等社交媒体平台的兴起，使得人们可以通过互联网便捷地获取和分享信息，提升了信息的传播效率和社交的便利性。

数字平台经济的应用不仅提升了各行业的运营效率和服务水平，还推动了新兴产业的发展。例如，平台经济、共享经济、社交经济等新兴产业的崛起，为经济增长注入了新的动力。数字平台技术的不断进步和应用，将进一步推动数字经济的发展，实现经济和社会的全面升级。

7. 数字化转型

在数字化转型的浪潮中，企业和产业正经历着前所未有的变革。数字化转型不仅是一个简单的技术应用过程，更是对商业模式和管理模式的深刻反思与重塑。在这一阶段，企业积极采用大数据、人工智能、云计算等先进技术，对业务流程进行全面再造，实现生产、管理、服务等各个环节的数字化、智能化和自动化。这种变革不仅极大提升了企业的生产效率和服务水平，更使得企业能够快速响应市场变化，实现业务的快速创新和升级。数字化转型的成功，不仅依赖于技术的引入，更需要企业从战略层面进行规划和布局，确保技术与业务的深度融合，推动产业结构的升级和优化。

8. 数字经济的全球化

在数字化阶段，数字经济以其独特的优势，呈现高度的全球化特征。互联网和信息技术的飞速发展，使得信息和资源在全球范围内实现了高效流动，跨国界的经济活动日益频繁。数字经济的全球化不仅促进了国际贸易的增长，更推动了全球价值链的重构。在数字经济的推动下，各国之间的经济联系更加紧密，企业能够更容易地进入国际市场，实现资源的全球配置。同时，数字经济也为全球创新提供了强大的动力，推动了新技术、新产品、新业态的不断涌现。数字经济的全球化不仅改变了企业的经营模式和市场格局，也对全球经济产生了深远的影响。

第二节　数字经济的总体框架

数字经济的总体框架可以从三个主要层次进行剖析：基础层、平台层和应用层。这三者之间相辅相成，共同构成了数字经济的基本结构。

一、基础层

基础层是数字经济的底层支撑，其重要性不言而喻。基础层包括信息和通信技术基础设施，如互联网、移动通信网络、数据中心等。这些基础设施提供了数据传输、存储和处理的基础能力，是数字经济得以运作的根本保障。

（一）互联网基础设施

互联网作为数字经济的核心支柱，其基础设施的构建和优化至关重要。除了传统的广域网、局域网、网络交换机、路由器等设备外，互联网基础设施还包括了边缘计算、软件定义网络等先进技术。这些技术使得数据传输更加智能、高效，同时增强了网络的灵活性和可扩展性。海底光缆和卫星通信系统的不断完善，更是为全球范围内的数据共享和交流提供了坚实的基础。

（二）移动通信网络

移动通信网络的发展，尤其是4G和5G技术的普及，彻底改变了人们的生活和工作方式。5G技术作为新一代移动通信技术的代表，不仅提供了超高的传输速度和极低的延迟，还通过切片技术、网络功能虚拟化等技术手段，实现了网络的智能化和可定制化。这为物联网、自动驾驶、远程医疗等应用的普及提供了强有力的支撑，推动了数字经济的深入发展。

（三）数据中心

数据中心是数据存储和处理的核心场所。现代数据中心采用了大量的先进技术，如分布式计算、存储技术、虚拟化技术等，实现了海量数据的高效处理和存储。同时，数据中心还具备了高度的安全性和可靠性，通过多重备份、灾备恢复等手段，确保了数据的完整性和可用性。随着人工智能、大数据等技术的不断发展，数据中心的作用将更加凸显，成为推动数字经济创新发展的重要力量。

（四）云计算基础设施

云计算平台作为数字经济的重要基础设施，其重要性不言而喻。云计算平台通过虚拟化技术和分布式计算技术，为用户提供了灵活、可扩展的计算资源和服务。同时，云计算平台还具备了高度的安全性和可靠性，通过加密、访问控制等手段，确保了用户数据的安全。此外，云计算平台还提供了丰富的应用服务，如大数据分析、人工智能等，为用户提供了更多的价值。随着云计算技术的不断发展，其将在数字经济中发挥更加重要的作用，推动数字经济向更高层次发展。

二、平台层

平台层是在基础层之上建立的各类数字平台，这些平台通过提供通用的技术和服务，支持各种数字化应用的开发和运行。平台层是数字经济的重要组成部分，包括操作系统平台、数据库平台、人工智能平台、物联网平台、区块链平台等。

（一）操作系统平台

作为计算机系统的基石，操作系统为其他应用软件提供了一个稳定、可靠的运行环境。从早期的 Windows、Linux，到现今广泛流行的 iOS 和 Android，这些操作系统平台不断进化，通过提供更为丰富和高效的接口与服务，支持了从个人应用到企业级应用的广泛开发。它们不仅满足了用户的基本需求，更通过引入新的技术和功能，推动了整个生态系统的持续创新。

（二）数据库平台

随着数字经济的迅猛发展，数据的价值和作用日益凸显。数据库平台作为数据的核心存储和管理工具，其重要性不言而喻。从传统的关系型数据库（如 MySQL、PostgreSQL）到新型的非关系型数据库（如 MongoDB、Cassandra），数据库平台正向着更高的效率、更低的成本和更强的可扩展性方向进化。特别是现代数据库平台，它们不仅支持分布式存储和大数据处理，更通过引入机器学习、图计算等先进技术，为数据分析和挖掘提供了更为强大的支持。

（三）人工智能平台

人工智能作为当前科技领域的热点，其背后离不开强大的人工智能平台的支持。这些平台提供了从机器学习、深度学习到自然语言处理等一系列技术服务，为智能应用的开发和运行提供了坚实的基础。TensorFlow、PyTorch、Hadoop等人工智能平台不仅为开发者提供了丰富的算法和工具，更通过不断优化和升级，降低了人工智能应用的开发门槛，加速了智能技术的普及和应用。

（四）物联网平台

物联网作为连接物理世界和数字世界的桥梁，其重要性不言而喻。物联网平台通过连接和管理各类物联网设备，实现了设备数据的采集、传输和处理。AWS IoT、Azure IoT、Google Cloud IoT等物联网平台不仅提供了设备管理、数据分析、事件处理等功能，更通过引入边缘计算、云计算等先进技术，推动了智能家居、智慧城市、工业物联网等应用的快速发展。这些平台不仅提高了设备的智能化水平，更通过优化数据处理和传输效率，为数字经济提供了更为强大的支撑。

（五）区块链平台

区块链技术以其去中心化、安全透明和不可篡改的特性，在数字经济中发挥着越来越重要的作用。以太坊、Hyper ledger、Corda等区块链平台通过提供智能合约和共识机制，为金融、供应链、版权保护等领域的创新应用提供了坚实的支持。这些平台不仅推动了数字经济的持续创新和发展，更通过引入分布式账本、加密算法等先进技术，提高了数据的安全性和可信度。在未来，随着区块链技术的不断成熟和应用场景的不断拓展，区块链平台将在数字经济中发挥更加重要的作用。

三、应用层

应用层是数字经济的最上层，涵盖了各类数字化应用和服务。这些应用和服务通过平台层的支持，利用基础层的资源，为用户提供了丰富多样的数字体验。

（一）电子商务

电子商务，作为数字经济的璀璨明珠，其深远影响远超表面所见的在线交易。这一领域不仅是信息技术的集大成者，更是先进商业理论、消费心理学以及全球供应链管理的完美结合。

电子商务通过互联网平台，打破了时间和空间的界限，让商品和服务得以在全球范围内进行无障碍流通。这一创新不仅是对传统商业模式的颠覆，更是对商业本质的重新诠释。在电子商务的世界里，每一笔交易都是数据驱动、智能决策的结果，它基于用户的消费习惯、搜索历史、评价反馈等多维度数据，为用户推荐最适合他们的商品和服务。

以阿里巴巴、亚马逊、京东等电子商务平台为例，它们通过先进的算法和大数据技术，实现了对海量商品信息的精准分类和个性化推荐。用户只需在平台上输入关键词，就能找到数以万计的相关商品，而这些商品都是根据用户的兴趣和需求进行排序和展示的。同时，这些平台还提供了交易支付、物流配送等一站式服务，大大简化了交易流程，提升了交易效率。

不仅如此，电子商务还通过智能供应链管理系统，实现了对全球供应链的精准掌控。从原材料采购、生产加工、仓储物流到终端销售，每一个环节都被纳入了数字化的管理范畴。这种管理方式不仅提高了供应链的透明度和可追溯性，还降低了库存和运营成本，提升了企业的竞争力。

在用户体验方面，电子商务更是做到了极致。从用户注册、浏览商品、下单支付到售后服务，每一个环节都注重用户的体验和感受。平台通过不断优化界面设计、提升加载速度、完善交易机制等措施，为用户提供了一个安全、便捷、愉悦的购物环境。

综上所述，电子商务不仅是数字经济的典型应用，更是先进商业理念和技术的集大成者。它通过互联网平台实现了商品和服务的在线交易，打破了传统商业模式的束缚，提升了交易效率和用户体验。随着技术的不断进步和市场的不断扩张，电子商务的未来发展将更加广阔和光明。

（二）数字金融

数字金融作为数字经济应用中的杰出代表，其背后所依赖的大数据、人工智能和区块链等前沿技术，正引领着金融服务进入一个全新的数字化和智能化时代。这一变革不仅是技术层面的进步，也是对传统金融服务模式的深刻重塑。

首先，大数据技术的应用使得数字金融能够更加精准地把握用户需求和市场动态。通过对海量数据的收集、整合和分析，数字金融平台能够构建出用户画像，了解用户的消费习惯、风险偏好和投资需求，从而为用户提供更加个性化的金融服务。这种精准化服务不仅提高了金融服务的效率，也增强了用户体验。

其次，人工智能技术的引入使得金融服务更加智能化。通过机器学习、自然语言处理等技术，数字金融平台能够自动化处理大量烦琐的业务，如风险评估、信用审核、投资决策等。同时，智能投资顾问系统能够根据用户的投资目标和风险偏好，为用户提供量身定制的投资组合建议，实现资产配置的智能化和个性化。

最后，区块链技术的应用为数字金融提供了更加安全、透明和高效的交易环境。区块链技术通过其去中心化、不可篡改和可追溯的特性，确保了交易数据的安全性和真实性。在数字货币领域，区块链技术使得交易过程更加便捷、快速，降低了交易成本。同时，区块链技术还可以用于构建智能合约，实现自动化执行和自动清算，进一步提高了金融交易的效率和安全性。

支付宝、微信支付、PayPal 等数字金融平台正是借助这些先进技术，实现了金融服务的数字化和智能化。它们通过提供在线支付、数字货币、智能投资顾问等服务，不仅提升了金融服务的效率和普惠性，也推动了整个金融行业的创新和发展。未来，随着技术的不断进步和应用场景的不断拓展，数字金融将展现出更加广阔的发展前景和潜力。

（三）智能制造

智能制造是现代制造业的杰出代表，其背后所依托的是一系列前沿且高度融合的技术体系。通过物联网、云计算、大数据等技术的深度应用，智能制造不仅实现了制造过程的自动化，更进一步迈向了智能化。这种智能化不仅体现在对生产流程的精准控制上，还体现在对制造过程中各种信息的实时感知、智能分析和自主决策上。

智能工厂作为智能制造的核心载体，通过集成各种先进的传感器、执行器、控制系统以及通信设施，实现了设备间的互联互通。这种互联互通不仅提高了设备的运行效率，还使得整个工厂的运行状态被实时监控和预测。在此基础上，数字孪生技术进一步为智能工厂提供了虚拟的映射，使得人们可以在数字世界中模拟和优化实际工厂的运行过程，从而更加精确地预测和应对各种潜在问题。

工业互联网平台则是智能制造的又一重要支撑。它通过对海量数据的收集、分析和处理，为制造企业提供了强大的数据驱动能力。这种能力使得企业可以更加精准地把握市场需求、优化产品设计、提高生产效率以及改善产品质量。同时，工业互联网平台还提供了丰富的应用服务，如供应链管理、协同制造、远程维护等，进一步提高了企业的竞争力和市场响应速度。

在智能制造的实践中不难发现，这些技术的融合应用正在不断地推动着制造业的转型升级。通过物联网实现设备的互联互通，通过云计算提供强大的计算能力，通过大数据提供精准的数据驱动能力，智能制造正在为人们打造一个更加高效、智能、可持续的制造环境。而这种环境不仅能提高生产效率、降低成本、改善产品质量，还能推动制造业向更加绿色、环保、可持续的方向发展。

（四）智慧城市

智慧城市的核心理念在于借助物联网、大数据、人工智能等尖端技术，实现城市管理和服务的全方位智能化。这一过程不仅体现了科技进步的显著成果，更是对未来城市发展模式的深度探索。

首先，物联网作为智慧城市建设的基石，它通过将城市中的各类设施、设备、车辆等进行联网，实现了数据的实时采集和交换。这种数据流动为城市管理者提供了丰富的信息资源，使城市管理的每一个环节都能够基于数据进行精准决策。

其次，大数据技术的应用，进一步提升了城市管理的效率。通过对海量数据的挖掘和分析，大数据能够揭示出城市运行中的规律和问题，为城市管理提供科学依据。例如，在智慧交通领域，大数据技术能够分析出交通拥堵的成因和分布，为交通管理提供针对性的解决方案。

再次，人工智能的融入，为智慧城市带来了更高的智能化水平。人工智能算法能够模拟人类智能，对复杂的问题进行自主学习和决策。在智慧安防领域，人工智能可以实现对异常行为的自动识别和预警，提高城市的安全防范能力。

最后，智慧环保也是智慧城市建设的重要方面。通过对环境数据的实时监测和分析，智慧环保系统能够及时发现环境污染问题，并采取相应的治理措施。这不仅保护了城市的生态环境，也为居民提供了更加健康的生活环境。

综上所述，智慧城市通过物联网、大数据、人工智能等技术的融合应用，实现了城市管理和服务的智能化。这种智能化不仅提升了城市的管理效率，也改善了居民的生活质量。未来，随着技术的不断进步和创新，智慧城市将展现出更加广阔的发展前景。

（五）数字医疗

数字医疗利用大数据、人工智能、物联网等技术，实现了医疗服务的数字化和智能化。远程医疗、智能诊断、健康监测等应用，通过提升医疗资源的利用效率和诊疗的精准性，改善了医疗服务的质量和普及性。

大数据为数字医疗提供了海量的信息基础。在医疗领域，每一个患者、每一次诊疗、每一项检查结果，都是宝贵的数据资源。大数据技术能够对这些数据进行深度挖掘和分析，发现疾病的发生规律、诊疗效果的最佳实践以及患者的个性化需求。这使得医疗服务能够更加精准、高效，为医生提供了更多的决策支持。

人工智能在数字医疗中的应用则更为广泛和深入。智能诊断系统能够利用深度学习技术，对大量的医疗影像、病历数据进行学习和训练，从而辅助医生进行疾病的诊断。这种诊断方式不仅提高了诊断的准确性和效率，还能够帮助医生发现一些传统方法难以察觉的细微病变。此外，人工智能还可以应用于药物研发、治疗方案制订等领域，为医疗服务的全面智能化提供了可能。

物联网技术则为数字医疗提供了实时的数据获取和传输能力。通过可穿戴设备、智能监测仪器等物联网设备，医生可以实时获取患者的生命体征、运动状态等信息，实现对患者的远程监护和管理。这不仅提高了医疗服务的普及性和便捷性，还使得医疗服务能够更加贴近患者的日常生活，为患者提供更加个性化的健康管理方案。

远程医疗作为数字医疗的重要应用之一，其优势在于打破了地域和时间的限制，使得优质的医疗资源能够覆盖到更广泛的地区。通过远程视频会诊、远程手术指导等方式，医生可以实时地为患者提供诊疗服务，提高了医疗服务的及时性和有效性。

智能诊断则是数字医疗在诊断领域的创新应用。通过利用人工智能技术对医疗影像、病历数据等进行深度学习和分析，智能诊断系统能够辅助医生进行疾病的快速、准确诊断。这不仅提高了诊断的效率和准确性，还减轻了医生的工作负担，使医生能够更加专注于疑难病例的诊治。

健康监测则是数字医疗在健康管理领域的重要应用。通过可穿戴设备、智能监测仪器等物联网设备，医生可以实时获取患者的生命体征、运动状态等信息，并对这些数据进行深度分析和挖掘。这使得医生能够及时发现患者的健康问题并进行干预，从而预防疾病的发生和发展。

综上所述，数字医疗利用大数据、人工智能、物联网等先进技术，实现了医疗服务的数字化和智能化。这不仅提高了医疗服务的质量和普及性，还为患者带来了更加便捷、高效的诊疗体验。随着技术的不断发展和完善，数字医疗必将在未来发挥更加重要的作用，为人类健康事业贡献更多的力量。

（六）数字教育

数字教育是教育现代化与科技创新的交会点，它借助互联网、云计算、大数据等前沿技术，实现了教育资源的深度数字化和高效共享化。这种转变不仅打破了传统教育的时空限制，更为学习者提供了前所未有的学习体验。

首先，互联网技术的广泛应用，使得在线教育平台如雨后春笋般涌现。这些平台通过优化教育资源配置，为学习者提供了更为广阔的学习空间。无论身处何地，只要有网络连接，学习者都能随时随地访问到丰富的教育资源，极大地提升了教育的普及性和可得性。

其次，云计算技术为数字教育提供了强大的技术支撑。通过云计算，教育者可以将海量教育资源存储在云端，实现资源的集中管理和高效利用。同时，云计算还能为学习者提供个性化的学习服务，根据学习者的学习进度和兴趣偏好，推荐合适的学习资源和学习路径，进一步提升教育的质量。

最后，大数据技术的应用，使得数字教育更加智能化和精准化。通过对学习者学习行为数据的收集和分析，教育者可以深入了解学习者的学习需求和困难，从而提供更加精准的教学指导。同时，大数据还能为教育者提供科学的教学评估和反馈机制，帮助他们不断优化教学内容和教学方法，提升教学效果。

除了以上技术的应用，数字教育还涌现出了许多创新应用，如虚拟课堂和智慧校园等。虚拟课堂通过模拟真实的教学场景，为学习者提供了沉浸式的学习体验。而智慧校园则通过整合校园内的各种资源和服务，为师生提供了更加便捷、高效的学习和生活环境。

综上所述，数字教育通过互联网、云计算、大数据等技术的深度融合，实现了教育资源的数字化和共享化，为学习者提供了更加灵活多样、个性化的学习方式和资源。这不仅提升了教育的普及性和质量，更为教育事业的未来发展奠定了坚实的基础。

第三节　数字经济的基础产业

一、信息和通信技术（ICT）产业

（一）产业概述

ICT 产业是数字经济的核心基础产业，包括硬件、软件和服务等多个领域。ICT 产业为数字经济的发展提供了必要的技术支持和基础设施，是推动数字化转型和创新的重要力量。

（二）主要领域

1．通信设备

通信设备是 ICT 产业的重要组成部分，包括路由器、交换机、光纤通信设备和移动通信基站等。这些设备构成了现代通信网络的基础，确保了数据的高速传输和可靠连接。

2. 计算设备

计算设备包括个人计算机、服务器、移动终端等，为数字经济的发展提供了必要的计算能力和存储空间。随着技术的进步，计算设备的性能不断提升，成本不断降低，推动了计算设备的普及和应用。

3. 软件和应用

软件和应用是ICT产业的重要组成部分，包括操作系统、数据库、办公软件和各类应用程序。软件和应用为各行业提供了数字化工具和解决方案，提升了企业的运营效率和创新能力。

（三）发展趋势

ICT产业近年来发展迅速，呈现出以下几个主要趋势。

1. 5G技术的普及

5G技术的商用部署，使得通信网络的传输速度和容量大幅提升，为物联网、智能制造、智慧城市等应用提供了强有力的支持。5G技术的普及，将推动ICT产业进入一个新的发展阶段，带来更多的创新应用和商业机会。

2. 云计算的广泛应用

云计算技术的成熟和普及，使得企业能够以低成本获取高性能计算资源，实现业务的快速部署和扩展。云计算的广泛应用，推动了ICT产业的发展，并为数字经济的发展提供了重要的基础设施。

3. 软件定义网络和网络功能虚拟化的应用

软件定义网络（Software Defined Network，SDN）和网络功能虚拟化（Network Function Virtualization，NFV）技术的应用，使得通信网络的管理和配置更加灵活和高效，提升了网络的运营效率和服务质量。这些技术的应用，将推动ICT产业的进一步发展，并为数字经济的发展提供更好的技术支持。

（四）在数字经济中的作用

ICT产业在数字经济中发挥了重要作用，为数字化转型和创新提供了技术支持和基础设施。

1. 提供通信和计算基础设施

ICT 产业通过提供通信和计算基础设施，确保了数字经济的正常运行和高效运作。高性能的通信网络和计算设备，使数据的传输和处理更加快速和可靠，提升了数字经济的运行效率。

2. 支持数字化转型

ICT 产业通过提供各类数字化工具和解决方案，支持各行业的数字化转型和创新发展。例如，云计算和大数据技术的应用，使得企业能够更高效地管理数据和进行决策，提升了运营效率和市场竞争力。

3. 推动技术创新

ICT 产业是技术创新的重要源泉，通过不断研发与推出新的技术和产品，推动了数字经济的创新和发展。例如，5G 技术和人工智能技术的应用，为数字经济的发展带来了更多的可能性和商业机会。

二、云计算和大数据产业

（一）产业概述

云计算和大数据产业是数字经济的重要基础产业，包括云计算服务提供商、大数据分析公司和相关技术供应商等。云计算和大数据技术的应用，使得数据的存储、处理和分析更加高效和智能，为数字经济的发展提供了强有力的支持。

（二）主要领域

1. 云计算服务

云计算服务包括基础设施即服务（Infrastructure as a Service，IaaS）、平台即服务（Platform as a Service，PaaS）和软件即服务（Software as a Service，SaaS）等。云计算服务提供商通过提供灵活的计算资源和应用服务，支持企业的数字化转型和业务创新。

2. 大数据分析

大数据分析企业通过提供数据采集、存储、处理和分析服务，帮助客户企业从海量数据中提取有价值的信息和洞见。大数据分析技术的应用，使得企业能够进行精准决策和市场预测，提升了运营效率和市场竞争力。

3. 数据中心和存储设备

数据中心和存储设备是云计算和大数据产业的重要基础设施。高性能的数据中心和存储设备，确保了数据的安全存储和高效处理，为云计算和大数据服务提供了强有力的支持。

（三）发展趋势

云计算和大数据产业近年来发展迅速，呈现出以下几个主要趋势。

1. 云计算服务的普及

云计算服务的普及，使得企业能够以低成本获取高性能计算资源，实现业务的快速部署和扩展。云计算服务的应用，推动了各行业的数字化转型和业务创新。

2. 大数据技术的成熟

大数据技术的成熟，使得数据的采集、存储、处理和分析更加高效和智能。大数据技术的应用，推动了数据驱动决策和智能化管理的发展，提升了企业的运营效率和市场竞争力。

3. 边缘计算的兴起

边缘计算技术的兴起，使得数据的处理和分析能够在靠近数据源的地方进行，降低了数据传输的延迟和成本。边缘计算的应用，将推动云计算和大数据产业的发展，并为数字经济的发展提供更好的技术支持。

（四）在数字经济中的作用

云计算和大数据产业在数字经济中发挥了重要作用，为数字化转型和创新提供了技术支持和基础设施。

1. 提供了灵活的计算资源

云计算服务提供商通过提供灵活的计算资源，使得企业能够以低成本获取高性能计算资源，实现业务的快速部署和扩展。云计算服务的应用，提升了企业的运营效率和市场竞争力。

2. 支持数据驱动决策

大数据分析公司通过提供数据采集、存储、处理和分析服务，帮助企业从海量数据中提取有价值的信息和洞见。大数据技术的应用，使得企业能够进行精准决策和市场预测，提升了运营效率和市场竞争力。

3. 推动技术创新

云计算和大数据技术的应用，推动了各行业的技术创新和业务创新。例如，人工智能和机器学习技术的应用，使得企业能够进行智能化管理和运营，提升了业务的创新能力和市场竞争力。

三、人工智能产业

（一）产业概述

人工智能产业是数字经济的重要基础产业，包括人工智能技术开发、应用和服务等多个领域。人工智能技术通过机器学习、深度学习、自然语言处理和计算机视觉等手段，实现了数据的智能化处理和分析，为数字经济的发展提供了强有力的支持。

（二）主要领域

1. 机器学习和深度学习

机器学习和深度学习是人工智能技术的核心，通过算法和模型训练，使计算机能够从数据中学习和提取规律，实现智能化的分析和决策。例如，图像识别、语音识别和自然语言处理等应用，广泛应用于各个行业，提升了业务的智能化水平。

2. 自然语言处理

自然语言处理技术通过分析和理解人类语言，实现了智能化的语言处理和交互。例如，智能客服、语音助手和机器翻译等应用，通过自然语言处理技术，实现了智能化的语言交互和服务，提升了用户体验和服务效率。

3. 计算机视觉

计算机视觉技术通过图像和视频的分析和处理，实现了智能化的视觉识别和分析。例如，自动驾驶技术、安防监控和医疗影像分析等应用，通过计算机视觉技术，实现了智能化的视觉识别和分析，提升了业务的智能化水平和安全性。

（三）发展趋势

人工智能产业近年来发展迅速，呈现出以下几个主要趋势。

1. 技术的快速进步

人工智能技术在算法、计算能力和数据资源等方面取得了快速进步，推动了人工智能产业的发展和应用。例如，深度学习算法的突破，使得图像识别和语音识别的准确率大幅提升，推动了人工智能技术的广泛应用。

2. 应用场景的多样化

人工智能技术的应用场景不断扩展，从互联网和电商行业扩展到金融、医疗、制造和交通等多个领域。例如，智能投资顾问、智能诊断和智能制造等应用，通过人工智能技术，实现了业务的智能化和自动化，提升了业务的效率和创新能力。

3. 产业生态的完善

人工智能产业的生态系统不断完善，包括技术开发、应用和服务等多个环节。例如，科技企业通过提供人工智能平台和工具，推动了人工智能技术的普及和应用，提升了人工智能产业的整体水平和竞争力。

（四）在数字经济中的作用

人工智能产业在数字经济中发挥了重要作用，为数字化转型和创新提供了技术支持和智能化解决方案。

1．提升数据分析和决策能力

人工智能技术通过机器学习和深度学习，实现了数据的智能化处理和分析，提升了企业的数据分析和决策能力。例如，金融机构通过人工智能技术进行风险管理和市场预测，提升了决策的准确性和时效性。

2．推动业务的智能化和自动化

人工智能技术通过自然语言处理和计算机视觉，实现了业务的智能化和自动化。例如，智能客服和智能制造等应用，通过人工智能技术，实现了业务的自动化和智能化，提升了业务的效率和创新能力。

3．促进技术创新和产业升级

人工智能技术的应用，推动了各行业的技术创新和产业升级。例如，医疗领域通过人工智能技术，实现了智能诊断和个性化医疗，提升了医疗服务的质量和效率，推动了医疗产业的创新和升级。

四、物联网产业

（一）产业概述

物联网产业是数字经济的重要基础产业，包括物联网设备、传感器、通信网络和数据平台等多个领域。物联网技术通过连接智能化处理的各类设备和传感器，实现了数据的实时采集、传输和分析，为数字经济的发展提供了强有力的支持。

（二）主要领域

1．物联网设备和传感器

物联网设备和传感器是物联网产业的重要组成部分，包括各类智能设备和传感器，如智能家居设备、工业传感器和环境监测传感器等。这些设备和传感器通过数据采集和传输，实现了物联网系统的智能化和自动化。

2．通信网络

通信网络是物联网系统的基础设施，包括有线通信网络和无线通信网络。5G技术的应用，使得物联网系统的数据传输更加迅速和可靠，提升了物联网系统的性能和稳定性。

3．数据平台和分析

物联网数据平台和分析系统，通过数据的存储、处理和分析，实现了物联网系统的数据驱动决策和智能化管理。例如，物联网数据平台通过大数据和人工智能技术，分析物联网设备和传感器的数据，实现智能化的业务管理和优化。

（三）发展趋势

物联网产业近年来发展迅速，呈现出以下几个主要趋势。

1．设备和传感器的普及

物联网设备和传感器的成本不断降低，性能不断提升，推动了物联网技术的普及和应用。例如，智能家居设备和工业传感器的广泛应用，使得物联网技术在家居、制造和城市管理等领域得到了广泛应用。

2．5G技术的应用

5G技术的商用部署，使得物联网系统的数据传输更加快速和可靠，提升了物联网系统的性能和稳定性。5G技术的应用，将推动物联网产业进入一个新的发展阶段，带来更多的创新应用和商业机会。

3．边缘计算的兴起

边缘计算技术的兴起，使得物联网系统的数据处理和分析能够在靠近数据源的地方进行，降低了数据传输的延迟和成本。边缘计算的应用，将推动物联网产业的发展，并为数字经济的发展提供更好的技术支持。

（四）在数字经济中的作用

物联网产业在数字经济中发挥了重要作用，为数字化转型和创新提供了技术支持和智能化解决方案。

1. 实现设备和系统的互联互通

物联网技术通过连接各类设备和系统，实现了数据的实时采集、传输和分析，提升了系统的互联互通和智能化管理。例如，智能家居系统通过物联网技术，实现了家居设备的互联互通和智能化控制，提升了家居生活的便利性和安全性。

2. 提升业务的智能化和自动化

物联网技术通过智能化的设备和传感器，实现了业务的智能化和自动化。例如，智慧城市通过物联网技术，实现了城市管理的智能化和自动化，提升了城市管理的效率和服务水平。

3. 推动技术创新和产业升级

物联网技术的应用，推动了各行业的技术创新和产业升级。例如，制造业通过物联网技术，实现了智能制造和工业互联网，提升了制造业的生产效率和产品质量，推动了制造业的数字化转型和升级。

五、区块链产业

（一）产业概述

区块链产业是数字经济的重要基础产业，包括区块链技术开发、应用和服务等多个领域。区块链技术通过去中心化的分布式账本，实现了数据的透明、不可篡改和可追溯，为数字经济的发展提供了强有力的支持。

（二）主要领域

1. 区块链平台和协议

区块链平台和协议是区块链产业的重要组成部分，包括以太坊、Hyperledger和 Corda 等。这些平台和协议通过提供智能合约和共识机制，实现了区块链应用的开发和运行。

2. 数字人民币和数字支付

数字人民币和数字支付是区块链技术的重要应用领域，它们通过区块链技术，实现了去中心化的支付系统，提升了支付的便捷性和安全性。

3. 供应链和物流

区块链技术在供应链和物流领域的应用，通过实现数据的透明和可追溯，提升了供应链的管理效率和透明度。例如，食品行业通过区块链技术，实现了食品供应链的全程追溯，提升了食品安全管理水平。

（三）发展趋势

区块链产业近年来发展迅速，呈现出以下几个主要趋势。

1. 技术的快速进步

区块链技术在共识算法、隐私保护和智能合约等方面取得了快速进步，推动了区块链产业的发展和应用。例如，零知识证明和同态加密等隐私保护技术，使得区块链技术在金融和医疗等领域的应用更加安全与合规。

2. 应用场景的多样化

区块链技术的应用场景不断扩展，从数字人民币和数字支付领域扩展到供应链、物流、金融和医疗等多个领域。例如，智能合约和去中心化金融等应用，通过区块链技术，实现了金融服务的自动化和智能化，提升了金融服务的效率和安全性。

3. 产业生态的完善

区块链产业的生态系统不断完善，包括技术开发、应用和服务等多个环节。例如，许多国家和地区通过建立区块链创新中心与产业联盟，推动了区块链技术的研发和应用，提升了区块链产业的整体水平和竞争力。

（四）在数字经济中的作用

区块链产业在数字经济中发挥了重要作用，为数字化转型和创新提供了技术支持和智能化解决方案。

1. 提升数据的透明度和可信度

区块链技术通过去中心化的分布式账本，实现了数据的透明、不可篡改和可追溯，提升了数据的透明度和可信度。例如，金融机构通过区块链技术，实现了交易数据的透明和可追溯，提升了金融服务的透明度和安全性。

2．支持智能合约和自动化服务

区块链技术通过智能合约，实现了业务的自动化和智能化管理。例如，供应链管理通过智能合约，实现了供应链的自动化和智能化管理，提升了供应链的效率和透明度。

3．推动技术创新和产业升级

区块链技术的应用，推动了各行业的技术创新和产业升级。例如，医疗领域通过区块链技术，实现了医疗数据的透明和可追溯，提升了医疗服务的安全性和合规性，推动了医疗产业的创新和升级。

综上所述，数字经济的基础产业包括信息和通信技术产业、云计算和大数据产业、人工智能产业、物联网产业和区块链产业。这些基础产业通过提供技术支持和基础设施，推动了数字化转型和创新发展，为数字经济的快速发展提供了强有力的支持。随着技术的不断进步和创新，数字经济的基础产业将继续发挥重要作用，引领全球经济的发展，实现经济的高质量和可持续发展。

第二章

数字经济的发展

第一节　数字经济的发展意义

一、推动经济增长

（一）提高生产力

数字经济通过信息技术和数字工具的广泛应用，显著提高了生产力。自动化、数据分析、云计算和人工智能等技术，使企业能够更高效地管理生产和运营流程。例如，在制造业中，使用物联网技术和设备监控生产线，实时收集和分析数据，能够帮助企业优化生产过程，减少浪费，提高产量和质量。

智能制造的兴起，使得生产过程高度自动化和智能化。自动化设备和机器人取代了许多传统的手工作业，减少了人为错误，提高了生产效率。大数据分析和机器学习算法的应用，使企业能够预测市场需求，优化库存管理和生产计划，进一步提升生产效率。

（二）优化资源配置

数字经济的发展使资源配置更加高效和精准。通过大数据和云计算，企业能够分析市场趋势和消费者行为，制订更加精准的市场策略和生产计划。例如，零售企业通过大数据分析，了解消费者的购买习惯和偏好，优化库存管理，降低库存成本，提高销售效率。

在农业领域，数字技术通过智能传感器、无人机和大数据分析，实现了精准农业，优化了种植和养殖过程。农民可以根据实时数据调整施肥、灌溉和病虫害防治，提高农作物的产量和质量，降低资源浪费和环境污染。

（三）促进经济结构转型

数字经济的发展推动了经济结构的转型和升级。通过信息技术的应用，传统产业实现了数字化和智能化，提升了生产效率和竞争力。同时，数字经济还催生了大量新兴产业和就业机会，推动了经济结构的多元化和创新性发展。例如，数字金融、电子商务、数字娱乐和智慧城市等新兴产业的快速发展，创造了大量高技能就业岗位，提升了经济的整体活力和竞争力。

（四）扩大市场规模

数字经济通过互联网和移动通信技术，拓宽了企业的市场范围。企业可以通过电子商务平台，面向全球市场销售产品和服务，扩大市场规模和销售渠道。例如，电子商务平台通过全球网络连接买家和卖家，推动了跨境电商的发展，扩大了市场规模，提升了企业的国际竞争力。

（五）提高经济韧性

数字经济通过信息技术的应用，提高了经济的韧性和抗风险能力。在面对突发事件和经济波动时，企业能够通过数字技术快速调整生产和运营策略，保持业务的连续性和稳定性。例如，许多企业通过数字化转型，实现了远程办公、在线销售和数字化管理，保持了业务在突发情况下的正常运行，降低了突发情况对经济的冲击。

二、促进产业升级

（一）推动传统产业数字化转型

数字经济通过信息技术的广泛应用，推动了传统产业的数字化转型。制造业、农业、服务业等传统产业，通过引入数字技术，实现了生产过程的自动化和智能化，提升了生产效率和产品质量。

在制造业领域，智能制造是数字化转型的重要方向。通过物联网、人工智能和大数据技术，企业能够实现生产设备的互联互通和数据驱动的决策优化。

在农业领域，智慧农业通过智能传感器、无人机和大数据分析，实现了农业生产的数字化和智能化。农民可以根据实时数据调整施肥、灌溉和病虫害防治，提高农作物的产量和质量，降低资源浪费和环境污染。

在服务业领域，数字技术通过提升服务效率和用户体验，实现了服务业的数字化转型。例如，在线教育和远程医疗可以通过互联网与移动设备，为使用者提供便捷和高效的服务，提升教育和医疗的普及性与质量。

（二）促进新兴产业发展

数字经济催生了大量新兴产业和商业模式，如数字金融、电子商务、共享经济和平台经济等。这些新兴产业不仅提升了经济的创新能力和竞争力，还创造了大量就业机会，推动了经济的高质量发展。

在数字金融领域，金融科技通过区块链、人工智能和大数据技术，可以提升金融服务的效率和安全性。例如，数字金融平台的应用可以实现快速的贷款审批和支付服务，提升用户体验和市场竞争力。

在电子商务领域，企业通过电商平台，面向全球市场销售产品和服务，扩大市场规模和销售渠道。例如，全球电商网络的构建可以推动跨境电商的发展，提升企业的国际竞争力。

在共享经济领域，企业通过互联网平台可以实现资源的共享和高效利用。

在平台经济领域，企业通过搭建平台，连接供需双方，提供交易和服务的中介，推动了市场的繁荣和发展。

（三）促进产业链协同

数字经济通过信息技术的应用，提升了产业链的协同效率和竞争力。数字经济的发展，使企业实现了生产、供应链和市场的协同管理，提升了资源的利用效率和市场竞争力。

在供应链管理方面，企业通过实现全程可视化和智能调度，提升了供应链的透明度和管理水平。例如，食品生产企业通过区块链技术，可以实现食品供应链的全程追溯，提升食品安全管理水平。

在市场协同管理方面，企业通过大数据和云计算，实现了市场的精准分析和快速响应。例如，服装企业通过快速反应供应链系统，可以实现设计、生产和销售的高效衔接，能够在极短时间内推出新款服装，满足市场需求。

（四）提升企业竞争力

数字经济通过信息技术的应用，提升了企业的竞争力。通过数字化转型和技术创新，企业能够更高效地利用资源，优化生产和运营流程，提升产品质量和服务水平，增强市场竞争力。

在生产制造方面，企业通过智能制造和工业互联网，实现了生产的自动化和智能化，提升了生产效率和产品质量。例如，汽车企业通过高度自动化的生产线，实现了电动汽车的高效生产，提升了产能和产品质量。

在服务提供方面，企业通过数字化运营和智能化服务，提升了服务效率和用户体验。例如，智能物流系统的应用，可以帮助企业实现仓储和配送的智能化管理，提升物流效率和客户满意度。

在市场竞争方面，企业通过大数据分析和人工智能技术，实现了市场的精准分析和快速响应，提升了市场竞争力和用户满意度。例如，电子商务企业通过电商平台，可以实现全球范围内的供应链协同和资源配置，提升企业的市场竞争力和国际竞争力。

三、促进创新创业

（一）提供广阔的空间和丰富的资源

数字经济为创新创业提供了广阔的空间和丰富的资源。通过互联网平台，创业者可以以低成本获取市场信息、技术资源和资金支持，降低创业门槛，提升创业成功率。

在市场信息方面，创业者通过互联网平台，可以获取全球市场的最新动态和趋势，了解消费者的需求和偏好，制订更加精准的市场策略和产品方案。例如，通过社交媒体和大数据分析，创业者可以快速了解市场热点和用户反馈，优化产品和服务。

在技术资源方面，创业者可以通过云计算和开源平台，以低成本获取先进的技术工具和开发环境。例如，通过云计算平台，创业者可以快速部署和扩展应用，降低技术成本和开发难度。

在资金支持方面，创业者可以通过众筹平台和风险投资网络，快速获得资金支持。例如，通过众筹平台，创业者可以展示创业项目，吸引投资者的关注和支持，推动项目的快速成长和市场化应用。

（二）催生新的商业模式

数字经济的发展催生了众多新的商业模式，如共享经济、平台经济和订阅经济等，为创新创业提供了新的机遇。这些新兴商业模式通过互联网平台，实现了资源的高效配置和市场的快速扩张，推动了市场的繁荣和发展。

（三）创新生态系统的形成

数字经济的发展促进了创新生态系统的形成，为创新创业提供了良好的环境和支持。通过构建创新的生态系统，政府、企业、投资者和研究机构共同合作，推动了创新创业的繁荣和发展。

在政策支持方面，政府通过制定创新政策和提供资金支持，鼓励创新创业。例如，可以通过提供政策支持和资金支持，吸引全球创新人才和项目，推动创新创业的发展。

在企业支持方面，大型企业通过开放平台和创新合作，支持初创企业的发展。例如，通过开放平台和创新孵化器，为初创企业提供技术支持和市场资源，帮助其快速成长和市场化应用。

在投资支持方面，风险投资机构通过提供资金支持和专业指导，推动创新项目的快速成长和市场化应用。例如，通过投资初创企业，为其提供资金支持和市场资源，推动创新项目的快速成长和市场化应用。

四、改善社会福祉

（一）提升生活质量

数字经济通过信息技术的应用，显著提升了人们的生活质量。智能家居、智慧城市、数字医疗等新兴应用，使人们的生活更加便捷和舒适，提高了生活质量和幸福感。

在智能家居方面，智能设备和物联网技术使得家居生活更加便捷和高效。例如，智能音箱、智能照明和智能安防系统，可以通过语音控制和自动化管理，实现家居设备的智能化控制，提升家居生活的便利性和安全性。

在智慧城市方面，物联网、大数据和人工智能技术提升了城市管理的效率和服务水平。例如，智慧交通系统通过实时监控和智能调度，可以优化交通流量和公共交通服务，缩短交通拥堵和出行时间，改善城市居民的出行体验。

在数字医疗方面，远程医疗和智能健康管理提升了医疗服务的可及性和质量。例如，远程医疗通过互联网和移动设备，可以提供便捷的医疗咨询和诊断服务，缩短患者的就医时间，减少成本，提升医疗服务的质量和可及性。

（二）促进社会公平

数字经济通过信息技术的应用，提升了社会公平和包容性。通过数字技术的普及和应用，更多的人能够享受到优质的教育、医疗和公共服务，缩小了城乡和区域差距，促进了社会公平和包容性发展。

在教育领域，在线教育和数字化学习资源提升了教育的普及性和质量。例如，可以通过在线教育平台提供丰富的在线课程和学习资源，帮助学生提升知识和技能，实现教育资源的共享，减小教育资源的分布差异。

在医疗领域，数字医疗和智能健康管理提升了医疗服务的可及性和质量。例如，可以通过远程医疗平台提供在线问诊、健康管理等服务，帮助患者实现便捷的医疗服务，提升医疗资源的利用效率，缩小医疗资源的区域差距。

在公共服务领域，电子政务和智慧城市提升了公共服务的效率和透明度。例如，电子政务通过信息公开和在线服务，可以提升政府的透明度和服务效率，增强公众对政府的信任和参与度，提升社会公平和包容性。

（三）促进环境可持续发展

数字经济通过信息技术的应用，促进了环境的可持续发展。智能制造、智慧农业、绿色能源等新兴应用，使资源的利用更加高效和环保，减少了对环境的影响，实现了经济和环境的协调发展。

在智能制造方面，智能设备和大数据分析可以优化生产过程，减少资源浪费和环境污染，减少设备故障和资源浪费，提升生产效率和环保水平。

在智慧农业方面，智能传感器和无人机技术可以优化农业生产，减少农药和化肥的使用，控制环境污染；精准施肥和灌溉技术可以提升农作物的产量和质量，减少资源浪费和环境污染，实现可持续农业发展。

在绿色能源方面，数字技术通过优化能源的生产和利用，提升了能源的效率和可再生能源的利用率，减少了能源浪费和环境污染，推动了绿色能源的发展。

综上所述，数字经济发展的意义体现在推动经济增长、促进产业升级、促进创新创业和改善社会福祉等多个方面。通过信息技术的广泛应用，数字经济实现了经济活动的高效化、智能化和全球化，提升了经济的竞争力和创新能力，改善了人们的生活质量并促进了社会公平。随着技术的不断进步和创新，数字经济将继续引领全球经济的发展，实现经济的高质量和可持续发展。

第二节　数字经济的发展优势

一、高效性

（一）生产效率的提升

数字经济通过信息技术与自动化工具的运用，极大地提升了生产效率，具体表现在以下几个方面。

1．自动化生产

在现代制造业中，自动化设备和机器人的广泛应用不仅改变了传统的生产方式，而且显著提升了生产效率。这些自动化设备能够连续不断地进行生产，无须休息，极大地减少了生产中断的时间。同时，机器人能够执行高精度、高速度的操作，避免了人为因素可能导致的误差和延误。

以汽车制造为例，机器人已经广泛应用于焊接、装配等关键生产环节。通过预设的程序和精确的传感器，机器人能够准确识别零部件的位置和角度，实现快速而准确的装配。这不仅提升了生产效率，还保证了产品的一致性和可靠性。

2．智能制造

智能制造是信息技术和制造业深度融合的产物，它利用物联网、大数据分析和人工智能等先进技术，实现了生产过程的智能化监控和优化。通过在生产设备上安装传感器和控制器，企业可以实时收集生产数据，并通过大数据分析技术对这些数据进行处理和分析。

基于这些数据，企业可以优化生产计划和流程，预测设备故障和维护需求，提升生产效率和设备利用率。此外，智能制造还能够帮助企业实现柔性化生产，即根据市场需求的变化快速调整生产计划和产品种类。

3．供应链优化

在数字经济时代，供应链优化对于提高企业的生产效率和市场竞争力具有重要意义。通过大数据和云计算等技术，企业可以实现供应链的全面优化，从采购、生产到物流配送等所有环节都能实现数据驱动的管理。

例如，物流企业通过收集和分析销售数据、库存数据与供应链数据等信息，能够准确预测市场需求和库存需求，从而制订合理的采购计划和库存策略。这不仅减少了库存积压和缺货情况的发生，还提高了库存周转率和资金利用效率。

此外，供应链优化还可以帮助企业实现协同供应链管理和供应商关系管理。通过与供应商、分销商等合作伙伴的协同工作，企业可以实现供应链的优化配置和资源共享，提高整个供应链的效率和竞争力。

（二）运营效率的提升

数字经济在推动生产效率提升的同时，更在企业的日常运营中发挥了举足轻重的作用，显著提升了企业的运营效率。具体表现在以下几个方面。

1. 数字化运营

在数字化运营方面，企业借助先进的信息系统，实现了业务流程的深度数字化和自动化。企业资源计划（ERP）系统作为一个全面的企业管理平台，集成了财务、生产、销售、人力资源等多个核心模块。通过 ERP 系统，企业可以实现各部门之间的数据共享和协同工作，打破了“信息孤岛”，提高了数据的准确性和一致性。同时，ERP 系统还提供了强大的数据分析功能，帮助企业深入挖掘数据价值，优化业务流程，提高运营效率。

此外，数字化运营还体现在企业的供应链管理、客户关系管理等方面。通过采用供应链管理软件，企业可以实时跟踪原材料、库存、生产进度等信息，实现供应链的透明化和高效化。在客户关系管理方面，企业可以利用客户关系管理系统收集和分析客户数据，了解客户需求和偏好，提供个性化的产品和服务，提高客户满意度和忠诚度。

2. 智能化管理

智能化管理是数字经济的又一重要体现。人工智能和大数据技术的应用，使得企业能够进行智能化的运营管理。例如，物流企业的智能物流系统通过利用先进的人工智能技术和大数据分析技术，可以实现仓储和配送的智能化管理。在仓储环节，利用机器人和自动化设备进行货物的存储和搬运，可以提高仓储效率和准确性；在配送环节，通过智能调度系统可以优化配送路线和配送时间，提高配送效率和客户满意度。

除了物流领域外，智能化管理还广泛应用于企业的生产、销售、客户服务等各个环节。例如，在生产环节，企业可以利用智能制造技术实现生产线的自动化和智能化管理；在销售环节，企业可以利用人工智能技术实现智能推荐和个性化营销；在客户服务环节，企业可以利用自然语言处理技术实现智能客服和自助服务等功能。

3．实时决策支持

大数据分析和云计算技术的发展为企业提供了实时决策支持的能力。通过大数据分析技术，企业可以实时获取和分析海量数据，发现数据中的规律和趋势，为企业的决策提供有力支持。同时，云计算技术为企业提供了强大的计算能力和存储能力，使得企业可以更加高效地进行数据处理和分析。

以金融机构为例，通过大数据分析技术，金融机构可以实时获取和分析客户的交易数据、信用记录等信息，进行风险管理和市场预测。这有助于金融机构及时发现潜在的风险和机会，作出快速而准确的决策。同时，金融机构还可以利用云计算技术构建高效的数据处理和分析平台，提高数据处理和分析的效率与准确性。

（三）服务效率的提升

数字经济通过信息技术的应用，在提升服务效率方面发挥了深远影响。具体表现在以下几个方面。

1．在线服务

随着互联网的普及和移动技术的飞速发展，企业能够以前所未有的方式提供便捷的在线服务。这种服务方式彻底改变了传统行业的运营模式，使服务更加高效、灵活和个性化。

以银行业为例，在线银行和移动支付技术的出现，使客户可以随时随地进行转账、查询余额、购买金融产品等操作。这种便捷性不仅提升了客户体验，还极大地提高了银行服务的效率。此外，电商平台也通过在线服务实现了商品的快速交易和配送，满足了消费者对购物便利性的需求。

2. 智能客服

人工智能技术的不断发展，使得企业能够为客户提供更加智能化的客户服务。这种智能客服系统通过自然语言处理、机器学习等技术，能够实时回答客户的问题，提供个性化的服务。

以阿里巴巴的智能客服机器人“阿里小蜜”为例，它能够处理大量的客户咨询，并根据客户的需求和问题提供个性化的回答和建议。这不仅减轻了人工客服的负担，还提高了客户服务的效率和质量。通过智能客服系统，企业能够更好地满足客户的需求，提升客户满意度和忠诚度。

3. 远程服务

数字技术的应用使得企业能够提供远程服务，突破了时间和空间的限制。这种远程服务方式不仅提高了服务的可及性，还保证了服务的质量。

以远程医疗为例，通过互联网和移动设备，医生可以实时为患者进行远程医疗咨询和诊断。患者无须亲自到医院，就能够获得专业的医疗服务。这不仅节省了患者的时间和精力，还提高了医疗服务的效率和质量。此外，远程教育、远程办公等领域也通过数字技术实现了服务的远程化，使服务更加便捷和高效。

二、透明性

（一）信息透明化

数字经济通过信息技术的应用，不仅极大地推动了社会经济的发展，而且在提升信息透明度方面呈现出显著优势。具体表现在以下几个方面。

1. 区块链技术

区块链技术，这一被誉为“信任的机器”的创新技术，通过其独特的去中心化分布式账本设计，为数据的透明性、不可篡改性和可追溯性提供了强有力的保障。具体来说，区块链上的每一个数据块都包含了特定的信息，并通过密码学算法进行加密和链接，形成一条完整且不断增长的链。这种设计使得任何对数据的修改都会留下明显的痕迹，从而保证了数据的真实性和可信度。

以食品行业为例，区块链技术的应用使得食品的供应链得以全程追溯。从原材料的种植、加工，到产品的生产、运输，再到最终的销售，每一个环节的信息都被记录在区块链上，形成一个完整的、不可篡改的数据链。这样一来，消费者只需扫描产品上的二维码，就可以轻松获取产品的全部信息，从而大大提高了食品的安全性和消费者的信任度。同时，这也为食品行业的监管提供了更为便捷和高效的方式，有助于提升整个行业的食品安全管理水平。

2. 电子政务

电子政务是政府利用信息技术手段提高行政效率、增强政府透明度和服务能力的重要途径。通过信息公开和在线服务，电子政务使得政府的工作更加透明化、规范化，同时也提高了政府的服务效率和公众满意度。

例如，许多国家和地区都建立了电子政务平台，将政府的各种信息和服务集中在一个平台上，方便公众查询和使用。这些平台不仅提供了政府的组织结构、职能职责、政策法规等基本信息，还提供了在线办事、在线支付、在线咨询等便捷服务。这些服务的开通，不仅提高了政府的服务效率，也增强了公众对政府的信任和参与度。公众可以通过这些平台了解政府的工作情况，提出自己的意见和建议，从而与政府形成更加紧密的互动关系。

3. 企业信息公开

企业作为市场经济的主体，其信息公开程度直接关系到公众对企业的信任度和企业的市场形象。通过信息披露和透明管理，企业可以展示自己的经营成果、财务状况和治理情况，提高公众对企业的信任度。

以上市公司为例，这些公司通常需要按照相关法律法规的要求，定期发布财务报告、公司治理信息等公开信息。这些信息不仅为投资者提供了了解公司运营状况的重要渠道，也为公众监督企业的经营活动提供了依据。通过信息披露和透明管理，上市公司可以建立起良好的市场形象，增强投资者的信心，促进企业的长期发展。同时，这也为整个市场的公平竞争和健康发展提供了有力保障。

（二）供应链透明化

数字经济通过信息技术的应用，对供应链的透明度和管理水平产生了深远影响。具体表现在以下几个方面。

1. 全程追溯

在数字经济的驱动下，区块链和物联网技术为供应链的全程追溯提供了强大的技术支撑。这些技术使得产品从原材料采购、生产加工、物流配送到终端消费者的每一个细微环节都能够被精准地监控和记录。

以食品行业为例，区块链技术的应用确保了食品从农场到餐桌的全程可追溯。每一批次的食品都能够通过区块链上的记录，清晰地展示出其原材料的来源、生产过程的每一个环节以及物流运输的路径。这不仅极大地提高了食品安全的透明度，也增强了消费者对食品安全的信心。

此外，全程追溯技术还能够帮助企业及时发现和解决问题。一旦产品出现问题，企业可以迅速通过追溯系统找到问题的源头，采取相应的措施进行纠正，从而避免问题进一步扩大。

2. 智能监控

物联网和大数据技术的应用，使得企业能够实现对供应链的实时监控。通过部署在供应链各个环节的智能传感器，企业可以实时收集供应链的运行数据，并通过大数据分析技术对这些数据进行处理和分析。

以物流行业为例，物流企业通过智能传感器和大数据分析，可以实时掌握货物的位置、状态以及运输环境等信息。这使得企业能够及时发现货物的异常情况，如温度或湿度异常等，从而采取相应的措施进行处理。此外，大数据分析还可以帮助企业预测货物的运输时间、优化运输路线等，进一步提高物流管理的透明度和效率。

3. 供应链协同

在数字经济的背景下，信息系统和云计算技术的应用使得供应链的协同管理成为可能。企业可以通过供应链管理系统，将供应链的各个环节连接在一起，实现信息的实时共享和协同作业。

以制造行业为例，制造企业通过供应链管理系统，可以实时掌握原材料的库存情况、生产进度以及物流配送等信息。这使得企业能够根据市场需求和订单情况，及时调整生产计划、优化资源配置以及协调物流配送等。此外，供应链管理系统还可以帮助企业建立与供应商、客户等合作伙伴的紧密联系，形成紧密的供应链生态圈。这种协同管理方式不仅提高了供应链的透明度和效率，也增强了供应链的稳定性和竞争力。

三、灵活性

（一）快速响应市场变化

数字经济通过信息技术的应用，确实为企业带来了前所未有的快速响应市场变化的能力。具体表现在以下几个方面。

1. 数据驱动决策

在数据驱动决策方面，大数据和人工智能技术为企业提供了前所未有的洞察力。企业可以实时收集和分析来自各个渠道的数据，包括销售数据、用户行为数据、社交媒体数据等，从而洞察市场趋势和消费者行为。通过数据可视化工具，企业可以直观地看到市场变化，从而作出准确的决策。

例如，零售企业可以利用大数据分析消费者的购买历史和偏好，预测未来的销售趋势。当发现某种产品销量下降时，企业可以迅速调整库存和促销策略，以避免库存积压和资金占用。此外，企业还可以根据消费者的反馈和评论，改进产品或推出新产品，以满足消费者的需求。

2. 灵活生产

在灵活生产方面，数字技术为企业提供了更加灵活和高效的生产方式。通过引入 3D 打印技术和柔性制造系统，企业可以快速响应市场需求的变化，生产出符合消费者需求的定制化产品。

例如，汽车制造商可以利用 3D 打印技术快速制造出汽车零部件的原型，进行试验和验证。当市场需求发生变化时，企业可以快速调整生产线，生产出符合市场需求的车型。此外，柔性制造系统使得企业可以根据订单情况灵活调整生产计划，避免产能过剩或不足的问题。

3．动态调整供应链

在动态调整供应链方面，信息系统和云计算技术为企业提供了强大的支持。通过构建供应链管理系统，企业可以实时跟踪货物的位置和状态，了解供应链的运营情况。当市场需求发生变化时，企业可以快速调整供应链策略，确保供应链的灵活性和高效性。

例如，当某种原材料的价格上涨时，企业可以利用供应链管理系统快速找到替代供应商，避免成本上升对生产造成不利影响。此外，当市场需求增加时，企业可以利用云计算技术快速扩展生产能力和物流能力，以满足市场需求。同时，企业还可以利用智能合约等区块链技术提高供应链的透明度和可追溯性，确保产品质量和安全性。

（二）定制化服务

数字经济通过信息技术的广泛应用，不仅推动了企业运营的革新，更在深层次上满足了消费者的个性化需求。具体表现在以下几个方面。

1．个性化推荐

在数字经济时代，大数据和机器学习技术为个性化推荐提供了强有力的支撑。企业能够利用这些技术深入挖掘消费者的兴趣和偏好，从而为他们提供高度个性化的产品和服务推荐。

以电商平台为例，它们通过大数据分析，能够精确地识别消费者的购物习惯和偏好。当消费者浏览或搜索商品时，平台会根据其历史行为和偏好，智能推荐与其兴趣相符的商品。这种个性化推荐不仅提升了消费者的购物体验，还增加了平台的用户黏性和销售额。

2．定制化生产

数字技术的应用，使得定制化生产成为可能，进一步满足了消费者对个性化产品的需求。企业可以通过数字技术和智能制造系统，实现产品的个性化定制和快速生产。

3．个性化营销

大数据和人工智能技术在营销领域的应用，使得个性化营销成为可能。企业可以根据消费者的兴趣、行为和购买历史，为他们提供个性化的广告和信息。

例如，社交服务平台可以利用用户在其平台上的行为和兴趣数据，为广告主提供精准的目标人群定位。广告主可以根据这些数据，投放与消费者兴趣高度相关的广告，从而提升广告的点击率和转化率。这种个性化营销不仅提高了营销效果，还降低了企业的营销成本。

（三）灵活就业

数字经济通过信息技术的广泛应用，进一步推动了灵活就业和多样化就业模式的蓬勃发展。具体表现在以下几个方面。

1．远程办公

随着互联网和移动通信技术的飞速发展，远程办公已经成为一种普遍的就业模式。这种模式的兴起，不仅打破了地理位置的限制，也为企业和员工带来了诸多便利。

首先，视频会议、在线协作工具等技术的广泛应用，使员工可以在家中或其他远程地点完成工作。这不仅节约了通勤时间，也提高了工作效率。同时，企业也可以借此机会，扩大招聘范围，吸引更多优秀人才。

其次，远程办公还带来了更加灵活的工作安排。员工可以根据自己的需求和实际情况，调整工作时间和地点，更好地平衡工作和生活。这种灵活性也能有效提高员工的满意度和忠诚度。

2．自由职业

数字平台的兴起，为自由职业者提供了更加广阔的发展空间。这些平台通过连接自由职业者和雇主，为他们提供了更多的工作机会和项目。

首先，数字平台为自由职业者提供了丰富的项目资源。他们可以在这些平台上浏览各类项目，根据自己的兴趣和专业背景选择合适的项目。同时，这些平台也提供了项目管理和支付等功能，使得自由职业者能够更加方便地管理自己的工作和收入。

其次，数字平台还提供了更加灵活的工作方式。自由职业者可以根据自己的时间安排和需求，选择全职或兼职工作。他们还可以同时参与多个项目，实现收入的多元化。这种灵活性使得自由职业成为越来越多人的选择。

3．兼职工作

数字技术的发展也为兼职工作提供了更多可能性。例如，共享经济平台通过提供灵活的兼职工作机会，使人们能够利用闲暇时间增加收入。

首先，共享经济平台为人们提供了丰富的兼职工作机会。无论是开车接送乘客、出租房屋还是提供家政服务等，人们都可以在这些平台上找到适合自己的兼职工作。这些工作不仅时间灵活，而且收入也相对较高。

其次，共享经济平台还提供了更加便捷的工作体验。通过智能算法和大数据分析等技术手段，平台能够为用户推荐最适合的工作机会和项目。同时，这些平台还提供了完善的评价体系和支付机制等功能，保障了用户的权益和利益。

四、便捷性

（一）便捷的支付方式

数字经济通过深度整合和应用信息技术，为现代生活带来了前所未有的便捷支付方式。这些方式在多个方面都有着显著的优势和具体的应用，具体表现在以下几个方面。

1．移动支付

移动支付技术的飞速发展，已经深刻改变了我们的支付方式。通过移动支付，消费者不再需要携带现金或银行卡，只需一部智能手机，就可以随时随地完成支付。这不仅提升了购物的便捷性，还大大增强了支付的安全性。以支付宝和微信支付为例，它们通过先进的移动支付技术，不仅实现了线上购物的便捷支付，还广泛应用于线下实体店，如餐饮、超市、公共交通等场景，极大地提升了用户的支付体验和效率。

移动支付的优势在于其高度的便捷性和广泛的适用性。无论是在线上购物，还是在线下实体店消费，只需扫一扫二维码或点击一下支付按钮，即可完成支付。同时，移动支付还提供了多种支付方式，如余额支付、银行卡支付、分期支付等，满足了不同消费者的支付需求。此外，移动支付还具备严格的安全措施，如实名认证、支付密码、指纹支付等，确保了支付过程的安全可靠。

2. 无现金支付

无现金支付技术通过数字钱包和支付卡等方式，实现了便捷的无现金支付。这种支付方式不仅避免了携带现金的麻烦和风险，还提高了支付的效率和安全性。通过先进的无现金支付技术，用户只需将支付卡绑定到数字钱包中，就可以通过智能手机或智能手表等设备进行支付操作。

无现金支付的优势在于其高度的便捷性和安全性。通过数字钱包和支付卡等方式，用户可以随时随地完成支付操作，无须携带现金或银行卡。同时，无现金支付还具备多种安全措施，如支付密码、指纹支付、面部识别等，确保了支付过程的安全可靠。此外，无现金支付还提供了多种支付方式的选择，如余额支付、银行卡支付等，满足了不同消费者的支付需求。

（二）便捷的购物体验

数字经济通过信息技术的应用，确实为购物体验带来了极大的便捷。这种便捷不仅体现在购物方式的改变，更体现在购物流程中的各个环节。具体表现在以下几个方面。

1. 在线购物

电商平台，如亚马逊和阿里巴巴，通过互联网和移动技术，打破了地域和时间的限制，为全球消费者提供了便捷的在线购物服务。消费者可以在任何时间、任何地点，通过手机、电脑等设备访问电商平台，浏览、搜索并购买所需的商品。这种购物方式不仅方便快捷，而且极大地丰富了商品的选择范围，使得消费者能够更容易找到满足自己需求的商品。

同时，电商平台还提供了多种支付方式，如在线支付、货到付款等，使得消费者能够根据自己的需求和习惯选择合适的支付方式。这种灵活多样的支付方式进一步提升了购物的便捷性。

2. 智能推荐

电商平台通过大数据和人工智能技术，对消费者的购物行为和偏好进行深入分析，从而为消费者提供个性化的产品推荐。这种智能推荐系统能够根据消费者的购买历史、浏览记录、搜索关键词等信息，精准地推荐符合消费者需求的商品。

例如，亚马逊的推荐系统就十分强大。当消费者浏览某个商品时，系统会根据该商品的特性以及消费者的购物历史，推荐与该商品相似或相关的其他商品。这种个性化的推荐不仅提升了消费者的购物体验，也增加了电商平台的销售额。

3. 便捷配送

数字技术通过优化物流和配送系统，使得商品的配送更加便捷和高效。首先，电商平台通过智能物流系统对订单进行智能调度和分配，确保订单能够尽快得到处理。同时，电商平台还与多家物流公司合作，建立了完善的物流网络，使得商品能够快速地送达消费者手中。

例如，京东的智能物流系统就十分先进。该系统能够实时监控订单的状态和物流信息，对订单进行智能分配和调度。同时，京东还与多家物流公司合作，建立了覆盖全国的物流网络，确保商品能够在最短的时间内送达消费者手中。这种高效的配送服务不仅提升了消费者的购物体验，也增强了电商平台的竞争力。

第三节　数字经济的发展特征

一、全球化趋势

（一）跨境电子商务的崛起

数字经济的全球化趋势最明显的表现之一就是跨境电子商务的迅速崛起。随着互联网和移动通信技术的普及，全球消费者能够轻松地通过电子商务平台购买到来自世界各地的商品。跨境电子商务不仅推动了国际贸易的发展，还改变了传统的商业模式和消费方式。

1. 全球市场的开放

跨境电子商务打破了地域限制，使得中小企业和个人也能进入国际市场。例如，阿里巴巴的“全球速卖通”平台使全球中小企业能够直接面向消费者，拓展市场。通过跨境电商平台，企业无须在目标市场设立实体店铺或办事处，就能够向全球客户销售产品。

2. 消费者福利的丰富

消费者可以通过跨境电商平台购买到更多种类的商品，享受到更具竞争力的价格和更高的服务质量。例如，许多消费者通过亚马逊、eBay 等平台购买进口商品，享受到了更高的性价比和更丰富的选择。

3. 物流和支付系统的完善

为了支持跨境电子商务的发展，全球物流和支付系统不断完善，国际物流的时效性和支付的便捷性显著提升。跨境物流服务提供商如 DHL、FedEx 等，通过构建全球物流网络，提升了跨境包裹的配送效率。此外，跨境支付服务提供商如 PayPal、支付宝等，通过提供便捷的跨境支付解决方案，降低了交易成本，提升了支付的安全性和便捷性。

跨境电子商务不仅改变了全球贸易的格局，也推动了国际经济的融合与发展。通过跨境电商，企业能够更高效地配置全球资源，提升生产和供应链的效率，促进全球经济的一体化发展。

（二）全球价值链的重构

数字经济推动了全球价值链的重构，使得生产和供应链管理更加灵活和高效。通过数字技术，企业能够实现全球范围内的资源配置和协同生产，优化供应链管理，提高全球价值链的效率和灵活性。

1. 生产过程的数字化

数字技术使得生产过程能够在全球范围内实现实时监控和优化。企业可以通过物联网、大数据分析等技术，实时了解生产线的运行状况，优化生产计划。

2. 供应链管理的智能化

数字技术的应用提升了供应链管理的智能化水平。企业可以通过区块链技术实现供应链的透明化和可追溯性，通过人工智能和大数据分析优化供应链的各个环节。

3. 全球协同生产

数字技术使得企业能够在全球范围内实现协同生产和研发。通过云计算和协同办公平台，企业的不同部门和团队可以实现跨地域的无缝合作。

全球价值链的重构不仅提升了企业的运营效率和市场竞争力，也推动了全球经济的深度融合。通过数字技术，企业能够更高效地利用全球资源，实现生产和供应链的优化，推动全球经济的协同发展。

二、产业融合

（一）互联网＋制造业

数字经济打破了传统产业的界限，通过信息技术的应用实现了产业间的深度融合。其中，互联网＋制造业催生了智能制造，推动了制造业的数字化和智能化转型。

1. 智能制造的兴起

智能制造是互联网与制造业融合的典型代表，通过物联网、云计算和人工智能技术，实现了制造过程的自动化和智能化。例如，“工业 4.0”战略通过智能工厂和数字孪生技术，实现了制造设备的互联互通和数据驱动的决策优化，提升了生产效率和产品质量。

2. 柔性生产的实现

数字技术使得制造业能够实现柔性生产，快速响应市场需求的变化。通过 3D 打印技术和大数据分析，企业可以实现小批量、多品种的定制化生产，提升了生产的灵活性和市场竞争力。

3. 供应链的数字化转型

数字技术的应用推动了制造业供应链的数字化转型。通过供应链管理系统和区块链技术，企业能够实现供应链的全程透明化和高效管理。

“互联网＋制造业”的融合不仅提升了制造业的生产效率和产品质量，也推动了制造业的数字化和智能化转型。通过智能制造，企业能够更高效地利用资源，实现生产的优化和市场竞争力的提升，推动制造业的高质量发展。

（二）互联网＋服务业

数字经济推动了互联网与服务业的融合，催生了数字服务，实现了服务业的数字化和智能化转型。通过信息技术的应用，服务业在多个领域实现了创新和升级。

1. 在线教育的普及

互联网技术的应用推动了在线教育的发展。通过在线教育平台，学生可以随时随地获取教育资源，提升了教育的普及性和质量。

2. 远程医疗的发展

远程医疗是互联网与医疗服务业融合的典型应用。通过互联网和移动医疗技术，患者可以远程获取医疗咨询和诊断服务，提升了医疗服务的可及性和便捷性。

3. 智慧城市的建设

智慧城市是互联网与城市管理服务业融合的典型代表。通过物联网、大数据和人工智能技术，城市管理实现了智能化和精细化，提升了城市的管理效率和居民的生活质量。

“互联网＋服务业”的融合不仅提升了服务业的效率和质量，也推动了服务业的数字化和智能化转型。通过数字服务，企业能够更高效地提供服务，满足消费者的多样化需求，推动服务业的创新和升级。

三、创新驱动

（一）技术的创新驱动

数字经济的核心驱动力是技术创新。大数据、人工智能、区块链等新兴技术的不断涌现，为经济发展提供了源源不断的创新动力，推动了各行各业的技术升级和创新发展。

1. 大数据技术的应用

大数据技术通过对海量数据的采集、存储和分析，帮助企业发现新的商业机会和优化运营流程。例如，电子商务平台通过大数据分析，可以实现精准营销和个性化推荐，提升客户满意度和销售业绩。

2. 人工智能技术的突破

人工智能技术通过机器学习、深度学习等算法，实现了数据的智能化处理和分析，推动了各领域的智能化应用。例如，AlphaGo通过深度学习技术，实现了围棋对弈的超强能力，展示了人工智能技术的巨大潜力。

3. 区块链技术的创新

区块链技术通过去中心化的分布式账本，实现了数据的安全、透明和不可篡改，推动了金融、供应链等领域的创新应用。例如，区块链技术可以实现去中心化的数字货币交易，能够提升交易的安全性和透明度。

技术创新不仅提升了企业的运营效率和市场竞争力，也推动了经济的高质量发展。通过技术的不断突破和应用，企业能够实现生产和服务的优化，推动市场的繁荣和发展。

（二）商业模式的创新

数字经济通过新的商业模式，实现了资源的高效配置和价值的创造。共享经济、平台经济和订阅经济等新模式，通过提供创新的产品和服务，满足了用户的多样化需求，推动了市场的繁荣和发展。

1. 共享经济的兴起

共享经济通过互联网平台，实现了资源的共享和高效利用。例如，住宿服务平台通过共享经济模式，可以实现房屋资源的共享，满足用户的住宿需求，提升房屋资源的利用效率。

2. 平台经济的繁荣

平台经济通过连接供需双方，提供交易和服务的中介，推动了市场的繁荣和发展。例如，打车服务平台通过平台经济模式，可以实现出行服务的高效匹配，提升出行资源的利用效率，满足用户的出行需求。

3. 订阅经济的普及

订阅经济通过提供定期的产品和服务，满足了用户的持续需求，推动了市场的繁荣和发展。例如，流媒体播放平台通过订阅经济模式，可以提供定期的影视内容，满足用户的娱乐需求，提升用户的忠诚度和满意度。

商业模式的创新不仅提升了企业的市场竞争力和运营效率，也推动了市场的繁荣和发展。通过创新的商业模式，企业能够更高效地利用资源，满足用户的多样化需求，推动市场的创新和升级。

四、个性化

（一）个性化消费的实现

数字经济通过信息技术的应用，实现了个性化消费。大数据分析和人工智能技术的应用，使得企业能够了解消费者的偏好和需求，提供个性化的产品和服务，提升消费者的满意度和忠诚度。

1. 个性化推荐的应用

个性化推荐技术通过大数据分析和机器学习算法，实现了个性化的产品和服务推荐。例如，电子商务平台通过其推荐系统，可以根据消费者的购买历史和浏览记录，为其推荐个性化的产品，提升客户满意度和销售业绩。

2. 个性化定制的实现

个性化定制技术通过 3D 打印和大数据分析，实现了产品的个性化定制，满足了消费者的多样化需求。例如，个性化商品定制平台可以提供多项个性化定制服务，消费者可以根据自己的喜好定制商品的颜色、材质或样式，提升了消费者的购买体验。

3. 个性化营销的推广

个性化营销技术通过大数据分析和精准广告投放，实现了个性化的营销推广，提升了营销的效果和效率。例如，社交网络服务平台可以通过其广告平台，根据用户的兴趣和行为数据，投放个性化的广告，提升广告的点击率和转化率。

个性化消费的实现不仅提升了消费者的满意度和忠诚度，也推动了企业的市场竞争力和销售业绩。通过信息技术的应用，企业能够更好地了解消费者的需求，提供个性化的产品和服务，促进市场的繁荣和发展。

（二）个性化服务的提供

数字经济通过信息技术的应用，实现了个性化服务。智能化和数据驱动的服务模式，使企业能够提供个性化的服务，提升服务质量和客户满意度。

1. 智能客服的应用

智能客服技术通过人工智能和自然语言处理，实现了个性化的客户服务。例如，有的电子商务平台推出智能客服机器人，通过自然语言处理技术，实时回答客户的问题，提供个性化的服务，提升了客户满意度和服务效率。

2. 个性化健康管理的实现

个性化健康管理技术通过大数据分析和智能穿戴设备，实现了个性化的健康管理服务。例如，有的数字医疗平台通过其智能手环，监测用户的健康数据，提供个性化的健康建议，帮助用户提升健康水平和生活质量。

3. 个性化金融服务的推广

个性化金融服务技术通过大数据分析和人工智能，实现了个性化的金融服务。例如，投资服务平台通过其智能投顾服务，可以根据用户的风险偏好和财务状况，为其提供个性化的投资建议，提升用户的投资收益和满意度。

个性化服务的提供不仅提升了客户满意度和忠诚度，也提高了企业的市场竞争力和服务质量。通过信息技术的应用，企业能够更好地了解客户的需求，提供个性化的服务，促进市场的繁荣和发展。

综上所述，数字经济的发展特征体现了信息技术在经济活动中的深度融合和广泛应用。数字经济体现的全球化趋势、产业融合、创新驱动、高效性和个性化特征，实现了经济活动的高效化、智能化和全球化。随着技术的不断进步和创新，数字经济将继续引领全球经济的发展，实现经济的高质量和可持续发展。

第四节　数字经济的发展前景

一、进一步数字化

（一）经济活动的进一步数字化

进一步数字化是数字经济发展的必然趋势。未来的数字化将不再局限于某些行业和领域，而是会覆盖到所有经济活动中，包括生产、管理、销售和服务等各个环节。

1. 生产过程的进一步数字化

未来，生产过程的数字化将进一步深化，通过物联网、人工智能和大数据分析，实现生产设备和生产线的全面数字化。工厂将配备各种传感器和智能设备，实时监控生产状态和生产环境，优化生产流程，提高生产效率。例如，智能工厂通过数据采集和分析，可以实现设备的预测性维护，减少设备故障和停机时间，提升生产效率和设备利用率。

2. 企业管理的进一步数字化

企业的管理活动也将进一步数字化。通过数字化管理系统，企业可以实现财务、供应链、人力资源等各个管理环节的数字化和自动化，提高管理效率和决策水平。例如，企业资源计划系统通过集成企业的各个业务模块，实现了业务流程的数字化和高效管理，提升了企业的运营效率和管理水平。

3. 销售和服务的进一步数字化

未来的销售和服务活动将进一步数字化，通过电商平台和数字服务平台，实现销售和服务的在线化和智能化。例如，电子商务平台通过大数据分析和精准推荐，可以实现个性化的产品推荐和营销，提升销售业绩和客户满意度。数字服务平台通过提供在线客服、智能问答等服务，可以实现服务的在线化和智能化，提高服务效率和客户体验。

（二）各行业数字化转型的进一步深化

随着数字技术的不断进步，各行业的数字化转型将进一步深化。未来的数字化转型不仅仅是技术的应用，更是业务模式、管理模式和组织结构的深刻变革。

1. 制造业的数字化转型

制造业的数字化转型将进一步深化，通过智能制造和工业互联网，实现制造过程的全面数字化和智能化。例如，智能工厂通过物联网、大数据和人工智能技术，可以实现生产设备的互联互通和数据驱动的决策优化，提升生产效率和产品质量。未来，制造企业将通过数字化转型，实现生产过程的全面优化和智能化管理，提高市场竞争力和创新能力。

2. 零售业的数字化转型

零售业的数字化转型将进一步深化，通过新零售模式，实现线上线下的全面融合和数据驱动的精准营销。例如，新零售企业通过大数据分析和人工智能技术，可以实现个性化的产品推荐和营销策略，提高客户满意度和销售业绩。未来，零售企业将通过数字化转型，实现全渠道的精准营销和个性化服务，提升市场竞争力和客户体验。

3. 金融业的数字化转型

金融业的数字化转型将进一步深化，通过金融科技和数字金融，实现金融服务的全面数字化和智能化。例如，金融科技企业通过大数据分析和人工智能技术，可以实现精准的风险控制和智能化的金融服务，提升金融服务的效率和普惠性。未来，金融机构将通过数字化转型，实现金融服务的全面优化和智能化管理，提高市场竞争力和服务水平。

（三）数字化基础设施的进一步建设

数字化基础设施是推动数字化转型和经济活动全面数字化的关键。未来的数字化基础设施建设将进一步加快，提升基础设施的覆盖范围和服务能力，为数字经济的发展提供坚实的支撑。

1. 通信网络的升级和扩展

通信网络是数字化基础设施的核心。未来，通信网络的升级和扩展将进一步加快，通过 5G 等新一代通信技术，提升网络的覆盖范围和传输速度，实现高带宽、低延迟的网络连接。例如，5G 技术的普及将推动物联网、智能制造、智慧城市等应用的发展，提升通信网络的服务能力和用户体验。

2. 数据中心的建设和优化

数据中心是数据存储和处理的核心场所。未来，数据中心的建设和优化将进一步加快，通过分布式计算和存储技术，提升数据中心的处理能力和安全性。例如，云计算平台通过分布式计算和虚拟化技术，可以实现计算资源的按需分配和高效管理，提升数据中心的服务能力和利用效率。

3. 物联网基础设施的普及

物联网基础设施是实现设备互联和数据采集的关键。未来，物联网基础设施的普及将进一步加快，通过智能传感器和无线通信技术，实现设备的全面互联和数据的实时采集。例如，智能城市通过物联网技术，可以实现城市设备的互联互通和数据驱动的智能管理，提升城市的运行效率和服务水平。

（四）数字化人才的进一步培养和发展

数字化人才是推动数字化转型和经济活动全面数字化的关键。未来的数字化人才培养和发展将进一步加强，通过教育和培训，提升全社会的数字技能水平，适应数字经济的发展需求。

1. 数字技能教育的普及

数字技能教育是培养数字化人才的基础。未来，数字技能教育的普及将进一步加强，通过学校教育和职业培训，提升学生和劳动者的数字技能水平。例如，学校通过开设信息技术课程和数字技能培训，可以提升学生的编程、数据分析等数字技能，培养未来的数字化人才。

2. 职业培训的强化

职业培训是提升劳动者数字技能的关键。未来，职业培训的强化将进一步加强，通过企业培训和社会培训，提升劳动者的数字技能水平，适应数字经济的发展需求。例如，企业通过内部培训和外部培训，可以提升员工的数字技能，推动企业的数字化转型和业务创新。

3. 数字化人才的引进和激励

数字化人才的引进和激励是推动数字化转型的关键。未来，数字化人才的引进和激励将进一步加强，通过政策引导和激励机制，吸引和留住高素质的数字化人才。例如，政府通过出台优惠政策和奖励机制，可以吸引国内外的数字化人才，推动数字经济的发展和创新。

二、智能化升级

（一）人工智能技术的突破与应用

智能化升级是数字经济发展的重要方向，而人工智能技术的突破和应用是推动智能化升级的核心动力。未来，人工智能技术将进一步发展，并在更多领域得到应用，提升经济活动的智能化水平。

1. 机器学习和深度学习的进步

机器学习和深度学习是人工智能的核心技术，通过对大量数据的训练和学习，实现智能化的决策和预测。未来，机器学习和深度学习技术将进一步发展，提升数据处理和分析的能力，实现更高水平的智能化应用。例如，深度学习技术在图像识别、语音识别、自然语言处理等领域的应用，将推动智能客服、智能安防、智能医疗等应用的发展。

2. 人工智能芯片的研发与应用

人工智能芯片是推动人工智能技术应用的重要硬件支持。未来，人工智能芯片的研发与应用将进一步加快，通过专用芯片和架构设计，提升人工智能计算的效率和性能。

3. 智能机器人和自动化设备的普及

智能机器人和自动化设备是人工智能技术的重要应用领域。未来，智能机器人和自动化设备的普及将进一步加快，通过人工智能和自动化技术，实现生产和服务的智能化和自动化。例如，智能机器人在制造、物流、医疗等领域的应用，将提升生产效率和服务质量，推动经济活动的智能化升级。

（二）智能制造的普及与深化

智能制造是数字经济的重要组成部分，通过物联网、人工智能和大数据技术，实现生产过程的智能化和自动化。未来，智能制造的普及与深化将进一步加快，推动制造业的智能化升级。

1. 智能工厂的建设与优化

智能工厂是智能制造的重要载体，通过智能设备和数据驱动的管理，实现生产过程的智能化和自动化。未来，智能工厂的建设与优化将进一步加快，通过物联网、人工智能和大数据技术，提升生产效率和产品质量。例如，智能工厂通过物联网技术，可以实现设备的互联互通和数据驱动的决策优化，提升生产效率和设备利用率。

2. 数字孪生技术的应用

数字孪生技术是智能制造的重要技术，通过构建虚拟的数字模型，实现物理设备和生产过程的数字化映射和模拟。未来，数字孪生技术的应用将进一步深化，通过实时数据的采集和分析，实现生产过程的优化和预测性维护。例如，数字孪生技术通过虚拟模型和实时数据，可以实现生产设备的智能化监控和优化管理，提升生产效率和产品质量。

3. 智能供应链的建设

智能供应链是智能制造的重要组成部分，通过物联网和大数据技术，实现供应链的智能化管理和优化。未来，智能供应链的建设将进一步加快，通过数据驱动的决策和管理，实现供应链的高效协同和资源优化配置。例如，智能供应链通过物联网和大数据技术，可以实现供应链的透明化和高效管理，提升供应链的效率和响应速度。

（三）智能服务的创新与扩展

智能服务是智能化升级的重要领域，通过人工智能和大数据技术，实现服务的智能化和个性化。未来，智能服务的创新与扩展将进一步加快，提升服务质量和客户体验。

1. 智能客服的广泛应用

智能客服是智能服务的重要应用，通过人工智能和自然语言处理技术，实现客服的智能化和自动化。未来，智能客服的广泛应用将进一步加快，通过智能机器人和智能问答系统，提升客服效率和客户满意度。

2. 智能医疗的深化发展

智能医疗是智能服务的重要领域，通过人工智能和大数据技术，实现医疗服务的智能化和精准化。未来，智能医疗的深化发展将进一步加快，通过智能诊断、智能影像分析等技术，提升医疗服务的效率和质量。

3. 智能交通的建设

智能交通是智能服务的重要组成部分，通过物联网和大数据技术，实现交通管理的智能化和优化。未来，智能交通的建设将进一步加快，通过智能交通管理系统和智能车辆，提升交通的运行效率和安全性。

三、绿色可持续发展

（一）绿色技术的发展与应用

绿色可持续发展是数字经济的重要目标，通过绿色技术的应用，实现经济发展与环境保护的协调统一。未来，绿色技术的发展与应用将进一步加快，推动经济活动的绿色化和可持续发展。

1. 绿色能源的开发与利用

绿色能源是实现绿色可持续发展的重要途径，通过开发和利用清洁能源，减少对传统化石能源的依赖，降低碳排放和环境污染。未来，绿色能源的开发与利用将进一步加快，通过太阳能、风能、地热能等清洁能源的应用，实现能源结构的优化和环境的保护。

2. 绿色制造的推进

绿色制造是实现绿色可持续发展的重要领域，通过绿色技术和工艺的应用，实现制造过程的绿色化和低碳化。未来，绿色制造的推进将进一步加快，通过清洁生产技术和循环经济模式，提升制造业的绿色水平和资源利用效率。

3. 绿色建筑的推广

绿色建筑是实现绿色可持续发展的重要途径，通过绿色设计和绿色建材的应用，实现建筑的绿色化和节能化。未来，绿色建筑的推广将进一步加快，通过智能化和绿色化的建筑技术，提升建筑的能源效率和环境友好性。

（二）数字技术在绿色发展中的应用

数字技术是推动绿色可持续发展的重要工具，通过物联网、大数据、人工智能等技术，实现经济活动的绿色化和智能化管理。未来，数字技术在绿色发展中的应用将进一步深化，提升绿色发展的智能化水平。

1. 智能电网的建设

智能电网是实现绿色能源高效利用的重要基础设施，通过物联网和大数据技术，实现电网的智能化管理和优化。未来，智能电网的建设将进一步加快，通过实时数据采集和智能调度，实现能源的高效利用和电网的安全稳定运行。

2. 智能环境监测的应用

智能环境监测是实现环境保护和治理的重要手段，通过物联网和大数据技术，实现环境数据的实时监测和智能分析。未来，智能环境监测的应用将进一步深化，通过智能传感器和数据分析技术，实现环境质量的实时监测和预警，提升环境治理的精准性和科学性。

3. 智能交通的绿色化发展

智能交通是实现交通系统绿色化的重要途径，通过物联网和大数据技术，实现交通管理的智能化和绿色化。未来，智能交通的绿色化发展将进一步加快，通过智能交通管理系统和智能车辆，提升交通系统的运行效率和环保水平。

（三）绿色产业的培育与发展

绿色产业是实现绿色可持续发展的重要支撑，通过培育和发展绿色产业，实现经济结构的绿色化和可持续发展。未来，绿色产业的培育与发展将进一步加强，推动绿色经济的繁荣和发展。

1. 绿色金融的创新与推广

绿色金融是支持绿色产业发展的重要手段，通过金融创新和政策引导，推动绿色投资和绿色项目的发展。未来，绿色金融的创新与推广将进一步加快，通过绿色债券、绿色基金等金融工具，提升绿色产业的融资能力和发展水平。

2. 绿色农业的推进

绿色农业是实现农业可持续发展的重要途径，通过绿色技术和生态农业模式，实现农业生产的绿色化和可持续发展。未来，绿色农业的推进将进一步加快，通过有机农业、生态农业等模式，提升农业的绿色水平和资源利用效率。

3. 绿色旅游的推广

绿色旅游是实现旅游业可持续发展的重要途径，通过绿色旅游产品和绿色旅游服务，实现旅游活动的绿色化和低碳化。未来，绿色旅游的推广将进一步加快，通过绿色旅游标准和绿色旅游认证，提升旅游业的绿色水平和环境友好性。

（四）绿色政策的制定与实施

绿色政策是实现绿色可持续发展的重要保障，通过制定和实施绿色政策，引导和规范经济活动的绿色化发展。未来，绿色政策的制定与实施将进一步加强，推动绿色经济的发展和环境的保护。

1. 绿色标准的制定

绿色标准是规范经济活动绿色化发展的重要依据，通过制定绿色标准，引导企业和行业实现绿色发展。未来，绿色标准的制定将进一步严格，通过制定严格的绿色标准和规范，提升经济活动的绿色水平和资源利用效率。

2. 绿色税收政策的实施

绿色税收政策是促进绿色发展的重要手段，通过税收政策的引导，激励企业和个人实现绿色发展。未来，绿色税收政策的实施将进一步加强，通过绿色税收减免和补贴，推动绿色项目和绿色技术的发展。

3. 绿色法制建设的推进

绿色法制建设是保障绿色可持续发展的重要基础，通过完善绿色法律法规，规范和保障经济活动的绿色发展。未来，绿色法制建设将进一步加强，通过制定和实施绿色法律法规，保障绿色经济的发展和环境的保护。

四、数字鸿沟的缩小

（一）数字化基础设施的普及

缩小数字鸿沟的关键在于普及数字化基础设施，扩大基础设施的覆盖范围和提高服务能力，确保所有地区和人群都能平等地享受数字经济的红利。未来，数字化基础设施的普及将进一步加快，通过通信网络、数据中心、物联网等基础设施的建设，提升数字化服务的可及性和公平性。

1. 通信网络的普及

通信网络是数字化基础设施的核心，通过扩大通信网络的覆盖范围和提高传输速度，确保所有地区和人群都能平等地享受数字化服务。未来，通信网络的普及将进一步加快，通过5G、6G等新一代通信技术，提升网络的覆盖范围和传输速度，实现高带宽、低延迟的网络连接。

2. 数据中心的建设

数据中心是数据存储和处理的核心场所，通过扩大数据中心的覆盖范围和提高服务能力，确保所有地区和人群都能平等地享受数字化服务。未来，数据中心的建设将进一步加快，通过分布式计算和存储技术，提升数据中心的处理能力和安全性。

3. 物联网基础设施的普及

物联网基础设施是实现设备互联和数据采集的关键，通过扩大物联网基础设施的覆盖范围和提高服务能力，确保所有地区和人群都能平等地享受物联网服务。未来，物联网基础设施的普及将进一步加快，通过智能传感器和无线通信技术，实现设备的全面互联和数据的实时采集。

（二）数字技能教育的普及

缩小数字鸿沟需要普及数字技能教育，提升全社会的数字技能水平，确保所有人都能平等地掌握和利用数字技术。未来，数字技能教育的普及将进一步加强，通过学校教育、职业培训和社会教育，提升全社会的数字技能水平，适应数字经济的发展需求。

1. 学校数字技能教育

学校教育是培养数字技能的基础，通过数字技能课程和实践活动，提升学生的数字技能水平。未来，学校数字技能教育的普及将进一步加强，通过开设信息技术课程和数字技能培训，提升学生的编程、数据分析等数字技能，培养未来的数字化人才。

2. 职业数字技能培训

职业培训是提升劳动者数字技能的关键，通过企业培训和社会培训，提升劳动者的数字技能水平，适应数字经济的发展需求。未来，职业数字技能培训的普及将进一步加强，通过企业内部培训和外部培训，提升员工的数字技能，推动企业的数字化转型和业务创新。

3. 社会数字技能教育

社会教育是普及数字技能的有效途径，通过社区教育和在线教育，提升全社会的数字技能水平。未来，社会数字技能教育的普及将进一步加强，通过社区教育活动和在线教育平台，提升全民的数字技能水平，推动社会的全面数字化发展。

（三）数字化服务的普惠化

缩小数字鸿沟需要实现数字化服务的普惠化，确保所有人都能平等地享受数字化服务。未来，数字化服务的普惠化将进一步加强，通过政策引导和技术创新，提升数字化服务的可及性和公平性。

1. 普惠金融服务

普惠金融是实现数字化服务普惠化的重要途径，通过数字金融技术，实现金融服务的普惠化和包容性。未来，普惠金融服务的普惠化将进一步加强，通过数字支付、移动银行等技术，提升金融服务的可及性和公平性。

2. 普惠医疗服务

普惠医疗是实现数字化服务普惠化的重要途径，通过数字医疗技术，实现医疗服务的普惠化和可及性。未来，普惠医疗服务的普惠化将进一步加强，通过远程医疗、移动医疗等技术，提升医疗服务的可及性和公平性。

3. 普惠教育服务

普惠教育是实现数字化服务普惠化的重要途径，通过数字教育技术，实现教育服务的普惠化和公平性。未来，普惠教育服务的普惠化将进一步加强，通过在线教育、移动教育等技术，提升教育服务的可及性和公平性。

（四）数字政策的制定与实施

缩小数字鸿沟需要制定和实施数字政策，通过政策引导和法律保障，推动数字经济的普惠发展。未来，数字政策的制定与实施将进一步加强，通过完善数字经济法律法规和政策体系，保障数字经济的发展和普惠性。

1. 数字经济法律法规的完善

完善的法律法规是保障数字经济普惠发展的基础，通过制定和实施数字经济法律法规，保障数字经济的公平性和普惠性。未来，数字经济法律法规的完善将进一步加强，通过制定和实施数字基础设施建设法、数字技能教育法等，保障数字经济的发展和普惠性。

2. 数字政策的实施与监管

有效的政策实施与监管是保障数字经济普惠发展的关键，通过政策引导和监管，推动数字经济的普惠发展。未来，数字政策的实施与监管将进一步加强，通过政策引导和监管机制，保障数字经济的发展和普惠性。

3. 数字经济普惠发展的国际合作

国际合作是推动数字经济普惠发展的重要途径，通过国际合作和经验分享，推动全球数字经济的普惠发展。未来，数字经济普惠发展的国际合作将进一步加强，通过国际组织和多边合作机制，推动全球数字经济的普惠发展。

综上所述，数字经济的发展远景展现了未来经济活动的进一步数字化、智能化升级、绿色可持续发展和数字鸿沟的缩小。通过技术创新和政策引导，推动数字经济的全面发展和普惠发展，实现经济活动的高质量和可持续发展。

第三章

数字化转型

第一节　数字化转型概述

一、数字化与数字经济的关系

（一）数字化的概念

数字化是指通过使用信息技术，将传统的物理、模拟信息转化为数字形式，从而实现数据的收集、存储、处理和传输。数字化不是简单的数据转换，而是一个涉及多个层面的综合性变革过程，包括信息的数字化、业务流程的数字化、产品和服务的数字化等。数字化使得信息传递更加高效、准确，并极大地提升了企业的运营效率和决策能力。

（二）数字化与数字经济的关系

数字化是数字经济的基础，没有数字化，数字经济就无从谈起。数字化提供了数字经济所需的数据、技术和平台，使得经济活动更加高效、透明和智能。

数字经济是数字化的结果，是数字化在经济领域的具体应用和体现。两者相辅相成，数字化推动了数字经济的发展，而数字经济的兴起又反过来促进了更多领域的数字化。

具体而言，数字化为数字经济提供了关键的基础设施和技术支持。通过数字化，企业和社会能够高效地收集、存储和分析大量的数据，从而作出更科学的决策，优化资源配置，提升生产效率。例如，通过大数据技术，企业可以深入挖掘市场需求，精准定位客户，增加营销效果；通过云计算技术，企业可以实现资源的按需分配，降低运营成本，提升业务灵活性。

与此同时，数字经济的发展对数字化提出了更高的要求和挑战。数字经济的快速变化和高度竞争要求企业不断进行数字化转型，提升数字化水平，以适应市场需求和技术进步。例如，电子商务的发展要求企业具备强大的数据分析能力和数字化营销手段；智能制造的发展要求企业实现生产过程的全面数字化和智能化；共享经济的发展要求企业构建开放、共享的数字生态系统，与合作伙伴共同推动数字化转型。

总之，数字化和数字经济是互为基础、互为促进的关系。数字化是数字经济的前提和基础，而数字经济则是数字化的目标和结果。通过数字化转型，企业可以更好地融入数字经济，实现高质量发展。

二、数字化转型的定义和特征

（一）数字化转型的定义

数字化转型是指企业或组织利用数字技术对业务流程、产品和服务、商业模式进行全面、系统的改造和升级，从而提升其竞争力和创新能力的过程。数字化转型不仅仅是技术的变革，更是业务模式和管理方式的全面重塑。它要求企业在技术、管理、文化等方面进行深刻的变革，以实现更高效、更智能、更灵活的运营和管理。

（二）数字化转型的特征

1. 全方位的变革

数字化转型不仅涉及技术层面的变革，还包括业务流程、组织结构、企业文化等多方面的深刻变化。数字化转型要求企业在所有业务领域进行系统性的变革，而不仅仅是某个单一环节的改进。例如，在生产领域，企业需要引入智能制造技术，实现生产过程的自动化和智能化；在营销领域，企业需要通过大数据分析和数字化营销手段，实现精准营销和客户关系管理；在管理领域，企业需要通过信息化手段，实现管理流程的优化和决策的科学化。

2. 数据驱动

数据是数字化转型的核心资源和驱动力。通过对数据的收集、分析和利用，企业可以实现对市场需求的精准把握，对生产过程的优化，对客户需求的快速响应。数据驱动的决策模式是数字化转型的重要特征之一。例如，通过大数据分析，企业可以实时监控市场动态，调整生产和销售策略；通过数据挖掘，企业可以发现潜在的市场机会，开发新的产品和服务；通过数据分析，企业可以优化生产流程，提高资源利用效率，降低运营成本。

3. 技术创新

数字化转型离不开技术创新。云计算、大数据、人工智能、物联网等新技术的广泛应用，为数字化转型提供了强大的技术支撑。这些技术不仅改变了企业的生产方式和管理模式，也催生了新的商业模式和产业形态。例如，云计算技术可以实现资源的按需分配和灵活调度，提高企业的运营效率和响应速度；大数据技术可以实现对海量数据的高效存储和快速分析，提供数据支持和决策依据；人工智能技术可以实现对复杂问题的智能化处理和自动化决策，提高企业的智能化水平和创新能力。

4. 以客户为中心

数字化转型强调以客户为中心。通过数字技术，企业可以更好地了解客户需求，提供个性化的产品和服务，提升客户体验和满意度。客户中心的理念贯穿数字化转型的整个过程。例如，通过大数据分析，企业可以深入了解客户的购买行为和偏好，提供定制化的产品和服务；通过数字化营销手段，企业可以实现精准营销和客户关系管理，提升客户的忠诚度和满意度；通过社交媒体和移动应用，企业可以与客户进行实时互动和沟通，建立紧密的客户关系和品牌忠诚度。

5. 敏捷性和灵活性

数字化转型要求企业具备更高的敏捷性和灵活性，以快速响应市场变化和客户需求。通过数字化手段，企业可以实现业务流程的自动化和智能化，提升运营效率和响应速度。例如，通过智能制造技术，企业可以实现生产过程的实时监控和快速调整，提高生产的灵活性和响应速度；通过数字化供应链管理，企业可以实现供应链的高效协同和快速响应，提升供应链的敏捷性和灵活性；通过移动办公和远程协作工具，企业可以实现工作流程的灵活调整和快速响应，提高团队的工作效率和协同能力。

（三）数字化转型的深层次特征

1. 业务模式创新

数字化转型不仅是技术和流程的变革，更是业务模式的创新。通过数字化手段，企业可以创造新的商业模式和盈利模式，实现业务的持续增长和创新发展。例如，电子商务的发展使得企业可以通过在线平台直接面向消费者销售产品和服务，缩短了供应链，提高了效率；共享经济的发展使得企业可以通过共享平台提供服务和资源，实现资源的高效利用和收益的最大化；数字内容产业的发展使得企业可以通过数字平台提供丰富的内容和服务，提升用户体验和满意度。

2. 平台化发展

数字化转型推动企业向平台化发展。通过构建开放的数字平台，企业可以实现资源的高效配置和价值的最大化，提升竞争力和创新能力。例如，企业可以构建电子商务平台，实现产品和服务的在线销售和交易，提升销售效率和客户体验；企业可以构建云计算平台，实现资源的按需分配和灵活调度，降低运营成本和提高效率；企业可以构建大数据平台，实现数据的高效存储和快速分析，提供数据支持和决策依据。

3. 全球化布局

数字化转型推动企业向全球化布局发展。通过数字化手段，企业可以突破地域限制，实现全球范围内的资源配置和市场拓展，提升国际竞争力和市场份额。例如，企业可以通过跨境电子商务平台实现全球范围内的产品和服务销售，拓展国际市场；企业可以通过全球化的供应链管理系统实现全球范围内的资源配置和协调，提升供应链的效率和灵活性；企业可以通过全球化的研发和创新网络实现全球范围内的技术和创新资源整合，提升技术水平和创新能力。

三、数字化转型中的关键要素

（一）战略规划

数字化转型是一项系统工程，需要有明确的战略规划和路线图。企业应根据自身的实际情况，制定清晰的数字化转型战略，明确转型的目标、步骤和路径。战略规划不仅要考虑技术层面的变革，还要考虑业务流程、组织结构、企业文化等多方面的变革。例如，企业需要制定详细的数字化转型战略，包括目标设定、实施步骤、时间节点、资源配置等；企业需要制订数字化转型的实施方案，包括技术选型、系统集成、数据管理、人才培养等；企业需要建立数字化转型的监控和评估机制，确保数字化转型的顺利推进和目标的实现。

（二）技术基础

数字化转型离不开坚实的技术基础。企业需要投资建设高效、安全的信息技术基础设施，引入先进的数字技术，提升技术能力和水平。例如，企业需要建设高效的数据中心和云计算平台，实现资源的高效利用和灵活调度；企业需要引入先进的大数据分析平台，实现数据的高效存储和快速分析；企业需要引入智能制造技术，实现生产过程的自动化和智能化；企业需要引入物联网技术，实现设备和系统的互联互通和智能化管理。

（三）组织变革

数字化转型要求企业在组织结构、管理方式、企业文化等方面进行深刻变革。企业需要建立适应数字化转型的新型组织架构，培育创新文化，提升员工的数字化素养和能力。例如，企业需要建立以客户为中心的组织架构，打破传统的“部门墙”，实现跨部门的高效协同和快速响应；企业需要引入敏捷管理方法，实现项目管理的灵活调整和快速响应；企业需要建立开放的创新文化，鼓励员工积极创新和持续学习，提升企业的创新能力和竞争力。

（四）人才培养

数字化转型需要高素质的人才队伍。企业应加强人才培养和引进，提升员工的数字化技能和创新能力，为数字化转型提供人才保障。例如，企业需要建立完善的人才培养体系，包括培训、学习、交流等多种方式，提升员工的数字化技能和创新能力；企业需要引进高素质的数字化人才，包括技术专家、数据分析师、产品经理等，提升企业的数字化水平和创新能力；企业需要建立完善的人才激励机制，激发员工的创新活力和积极性，确保数字化转型的顺利推进和目标的实现。

（五）生态合作

数字化转型需要生态合作。企业应积极构建开放、共享的数字生态系统，与合作伙伴共同推动数字化转型，实现互利共赢。例如，企业需要与技术供应商、服务提供商、研究机构等建立紧密的合作关系，获取先进的技术和解决方案，提升数字化水平；企业需要与客户、合作伙伴、供应链成员等建立开放的合作平台，实现资源的共享和协同，提升整体的运营效率和竞争力；企业需要积极参与行业联盟和标准组织，推动行业标准的制定和推广，提升行业的数字化水平和整体竞争力。

第二节　数字化转型的发展趋势

一、传统企业向数字原生企业转变

（一）数字原生企业的概念

数字原生企业（Digital Native Enterprises）是指那些自成立之初就以数字技术为核心，利用互联网、大数据、人工智能等技术进行商业运作的企业。这类企业在商业模式、运营方式、客户关系等方面都深度依赖数字技术，具有高度的灵活性和创新能力。数字原生企业的典型特征包括高度的数据驱动决策、以客户为中心的业务模式、快速的市场响应能力以及强大的技术创新能力。

（二）数字原生企业的优势

1. 数据驱动的决策

数字原生企业拥有强大的数据分析能力，这使得它们能够充分利用大量的数据来作出更加精准的决策。在数字化时代，数据已经成为企业最宝贵的资产之一。数字原生企业能够收集、整理、分析各种数据，包括用户行为数据、市场趋势数据、竞争对手数据等，从而更加准确地把握市场需求和趋势。

2. 快速的市场响应能力

数字原生企业具备快速响应市场变化的能力，能够迅速调整业务策略和产品。这是因为数字原生企业通常采用轻量级、模块化的业务模式，使得它们能够快速适应市场的变化。同时，数字原生企业还拥有先进的数字化工具和平台，能够快速收集和分析市场数据，为决策提供有力支持。

3. 以客户为中心的业务模式

数字原生企业强调以客户为中心，通过个性化的服务和产品提高客户满意度。它们通常采用先进的客户关系管理系统，深入了解客户的需求、喜好和行为，为客户提供个性化的服务。同时，数字原生企业还注重客户体验，通过不断优化产品和服务，提高客户的满意度和忠诚度。

4. 创新驱动的发展模式

数字原生企业通过不断的技术创新和业务模式创新，保持竞争力。它们通常拥有强大的研发团队和创新能力，能够不断推出新的产品和服务，满足市场和用户的需求。同时，数字原生企业还注重跨界合作和资源整合，通过与其他企业、机构和个人合作，共同推动创新发展。

（三）传统企业向数字原生企业转变的路径

传统企业要实现向数字原生企业的转变，可以在以下几个方面进行深刻的变革。

1．技术架构的重构

传统企业需要摒弃传统的技术架构，转向云计算、大数据、人工智能等新兴技术。通过构建现代化的信息技术基础设施，企业可以实现数据的高效存储和处理，提升业务的灵活性和扩展性。

2．业务流程的再造

数字化转型要求企业对现有的业务流程进行全面的审视和再造，通过业务流程的数字化和智能化，实现业务的高效运行和协同。企业需要引入自动化工具和智能系统，优化业务流程，减少人为干预和错误。

3．企业文化的变革

数字化转型不仅是技术和业务流程的变革，更是企业文化的变革。企业需要培育开放、创新、协作的企业文化，激发员工的创新活力和积极性。企业文化的变革需要从上而下的推动，包括管理层的支持和员工的积极参与。

4．人才队伍的建设

数字化转型需要高素质的人才队伍。企业应加强人才培养和引进，提升员工的数字化技能和创新能力。企业需要制订系统的人才培养计划，提供持续的培训和学习机会，吸引和留住优秀的数字化人才。

二、实体经济与数字经济融合

（一）实体经济与数字经济融合的意义

实体经济与数字经济的融合是数字化转型的重要趋势。通过数字技术的应用，实体经济能够提高生产效率、优化资源配置、推动创新发展，而数字经济的发展也需要实体经济的支撑，实现虚实结合，共同推动经济高质量发展。这种融合不仅能够增强企业的竞争力，还能够促进整个社会经济的发展和进步。

（二）实体经济与数字经济融合的路径

1．智能制造

智能制造是实体经济与数字经济融合的重要领域。通过引入物联网、人工智能、大数据等技术，实现生产过程的智能化和自动化，提高生产效率和产品质量。智能制造不仅能够提高企业的生产效率，还能够实现定制化生产，满足客户的个性化需求。

2．智慧农业

智慧农业是数字技术在农业领域的应用。通过物联网、大数据、人工智能等技术，实现农业生产的智能化和精准化，提高农业生产效率和质量。智慧农业不仅能够提高农业生产的效率，还能够实现环境保护和可持续发展。

3．智慧城市

智慧城市是数字技术在城市管理和服务领域的应用。通过物联网、大数据、云计算等技术，实现城市管理的智能化和服务的便捷化，提高城市的运行效率和居民的生活质量。智慧城市不仅能够提高城市管理的效率，还能够改善居民的生活环境和生活质量。

4．智慧医疗

智慧医疗是数字技术在医疗领域的应用。通过物联网、大数据、人工智能等技术，实现医疗服务的智能化和精准化，提高医疗服务的效率和质量。智慧医疗不仅能够提高医疗服务的效率，还能够改善患者的就医体验和治疗效果。

5．智能物流

智能物流是数字技术在物流领域的应用。通过物联网、大数据、人工智能等技术，实现物流过程的智能化和自动化，提高物流效率和服务质量。智能物流不仅能够提高物流效率，还能够改善客户的物流体验和满意度。

三、业务模式向数字化和线上化演进

（一）业务模式数字化和线上化的意义

业务模式的数字化和线上化是企业应对市场变化和提升竞争力的重要手段。通过数字化和线上化，企业可以实现业务的高效运行和灵活调整，提升客户体验和市场响应能力，创造新的商业机会和增长点。业务模式的数字化和线上化不仅能够提高企业的运营效率，还能够为客户提供更加便捷和个性化的服务。

（二）业务模式数字化和线上化的路径

1. 电子商务

电子商务是业务模式数字化和线上化的重要领域。通过构建电子商务平台，企业可以实现产品和服务的在线销售和交易，提高销售效率和客户体验。电子商务不仅能够扩大企业的市场覆盖范围，还能够提高销售效率和客户满意度。

2. 数字化营销

数字化营销是业务模式数字化和线上化的重要手段。通过大数据分析和数字化营销工具，企业可以实现精准营销和客户关系管理，提升营销效果和客户满意度。数字化营销不仅能够提升企业的营销效果，还能够为客户提供更加个性化的营销服务。

3. 线上服务

线上服务是业务模式数字化和线上化的重要方向。通过构建线上服务平台，企业可以提供便捷、高效的服务，提升客户体验和满意度。线上服务不仅能够拓宽企业的服务渠道，还能够提高服务效率和客户满意度。

4. 远程工作

远程工作是业务模式数字化和线上化的重要趋势。通过远程工作平台，企业可以实现员工的远程办公和协同工作，提高工作效率和灵活性。远程工作不仅能够提高企业的运营效率，还能够为员工提供更加灵活的工作环境。

四、转向数字经济产业发展范式

（一）数字经济产业发展范式的意义

数字经济产业发展范式是指以数字技术为核心驱动力，通过技术创新和商业模式的重塑，实现产业的高质量发展和持续增长。转向数字经济产业发展范式，是企业应对市场变化和提升竞争力的重要战略选择。数字经济产业发展范式不仅能够提升企业的竞争力，还能够推动整个产业的升级和发展。

（二）数字经济产业发展范式的优势

1. 资源的高效配置

数字经济产业发展范式的一个显著优势在于其能够实现资源的高效配置和价值的最大化。在数字经济的推动下，企业可以通过各种数字平台，如云计算、大数据、物联网等，实现资源的快速流通和精准匹配。这些平台不仅能够帮助企业实时掌握市场动态和资源状况，还能够通过算法优化和智能决策，使资源得到更加高效、合理的配置。这种高效的资源配置方式，能够极大地提高企业的运营效率和市场响应能力，使其在激烈的市场竞争中保持领先地位。

此外，数字经济产业发展范式还推动了资源的共享和协同利用。通过数字平台，企业可以打破传统的边界和壁垒，实现与产业链上下游企业的紧密合作和资源共享。这种协同利用的方式，能够进一步提高资源的利用效率，降低企业的运营成本，促进产业的可持续发展。

2. 创新驱动的发展模式

数字经济产业发展范式强调技术创新和商业模式创新的重要性。在数字经济时代，技术创新是推动产业发展和升级的关键动力。企业需要通过不断的研发投入和技术创新，推动产品和服务的升级换代，满足市场和客户不断变化的需求。同时，数字经济也为企业提供了更加灵活多样的商业模式创新机会。企业可以通过数字平台，开展电子商务、共享经济、平台经济等新型业务模式，实现业务的多元化和差异化发展。

这种创新驱动的发展模式，能够使企业保持持续的竞争力。通过不断的技术创新和商业模式创新，企业能够不断推出新的产品和服务，满足市场和客户的多样化需求。同时，这种创新还能够提高企业的生产效率和质量水平，降低生产成本和运营成本，增强企业的盈利能力。

3. 以客户为中心的服务模式

数字经济产业发展范式强调以客户为中心的服务理念。在数字经济时代，客户的需求和体验成为企业竞争的核心要素。企业需要通过数字平台和大数据分析技术，深入了解客户的需求和偏好，提供更加精准、个性化的服务。这种以客户为中心的服务模式，能够极大地提升客户的满意度和忠诚度。

此外，数字经济还为企业提供了更加便捷、高效的客户服务渠道。通过数字平台，企业可以实现24小时在线客服、智能语音应答、自助服务等功能，为客户提供更加全面、高效的服务支持。这种服务方式不仅能够提高客户的满意度和忠诚度，还能够降低企业的客户服务成本，提高企业的运营效率。

4. 全球化的发展视野

数字经济产业发展范式具有全球化的发展视野。在数字经济时代，企业可以通过数字平台实现全球化布局和跨国经营。这种全球化的发展方式能够打破地域限制和壁垒，使企业能够在全球范围内进行资源配置和市场开拓。同时，数字经济还为企业提供了更加便捷、高效的国际贸易和跨境支付等支持服务，促进了全球贸易的繁荣和发展。

此外，数字经济还推动了国际间的产业合作和创新合作。通过数字平台和国际合作网络，企业可以与国际同行进行技术交流和合作研发，共同推动产业的创新和发展。这种合作方式不仅能够提高企业的创新能力和竞争力，还能够促进全球产业的协同发展和互利共赢。

（三）数字经济产业发展范式的路径

1. 平台经济

平台经济是数字经济产业发展范式的重要模式。通过构建开放的数字平台，企业可以实现资源的高效配置和价值的最大化，提升竞争力和创新能力。平台经济不仅能够提高企业的运营效率，还能够为客户提供更加便捷和个性化的服务。

2. 共享经济

共享经济是数字经济产业发展范式的重要方向。通过构建共享平台，企业可以实现资源的高效利用和收益的最大化，提高市场竞争力和运营效率。共享经济不仅能够提高资源的利用效率，还能够为客户提供更加便捷和高效的服务。

3. 数字金融

数字金融是数字经济产业发展范式的重要领域。通过引入数字技术，金融机构可以提升服务效率和客户体验，推动金融服务的普惠化和智能化。数字金融不仅能够提高金融服务的效率，还能够为客户提供更加便捷和个性化的金融服务。

五、产业升级和产业链效率提升

（一）产业升级和产业链效率提升的意义

产业升级和产业链效率提升是数字化转型的重要目标。通过数字技术的应用，企业可以实现产业的高质量发展和持续增长，提高产业链的协同效率和资源利用率，从而增强市场竞争力和创新能力。产业升级和产业链效率提升不仅能够提升企业的竞争力，还能够推动整个产业的转型升级和高质量发展。

（二）产业升级和产业链效率提升的路径

1. 智能制造

智能制造是实现产业升级和产业链效率提升的重要手段。通过引入物联网、大数据、人工智能等技术，实现生产过程的智能化和自动化，提升生产效率和产品质量。

2. 供应链数字化

供应链数字化是实现产业链效率提升的重要途径。通过构建数字化供应链管理系统，实现供应链的高效协同和快速响应，提升供应链的敏捷性和灵活性。

3. 产业生态系统建设

产业生态系统建设是实现产业升级和产业链效率提升的重要策略。通过构建开放、共享的产业生态系统，实现资源的高效配置和协同创新，提升产业的整体竞争力和创新能力。

第三节　数字化转型的典型应用场景

一、智能化生产场景

（一）智能供应链

智能供应链是数字化转型在生产和物流领域的关键应用，通过利用物联网、大数据、人工智能等技术，供应链各环节实现了高度的自动化和智能化。智能供应链通过数据采集、分析和应用，提供实时的供应链可视性和透明度，使企业能够更好地预测需求、优化库存和提升响应速度。

智能供应链系统通常包括以下几个方面。

1. 物联网技术

物联网技术在智能供应链系统中扮演着至关重要的角色。它通过各种传感器和无线射频识别技术，实现了对物品在供应链全过程中的实时跟踪和监控。从原材料的采购到产品的生产、运输、仓储以及最终的销售，物联网技术都能确保获得准确的、即时的信息。这种技术的引入，大大提高了供应链的可视性和透明度，使人们能够迅速识别和解决潜在问题，确保供应链的顺畅运行。

2. 大数据技术

在智能供应链系统中，大数据技术同样发挥着重要的作用。通过对供应链各环节产生的海量数据进行深度分析，能够发现潜在的问题和优化机会，从而提高供应链的整体效率。此外，大数据技术还可以帮助人们识别供应链中的瓶颈和浪费环节，从而制定有针对性的改进措施。

3. 人工智能技术

人工智能技术的引入，使得智能供应链系统实现了更高层次的自动化和智能化管理。通过应用各种人工智能算法，系统能够自动处理供应链中的复杂问题，提高决策的科学性和准确性。

（二）智能物流

智能物流是智能供应链的重要组成部分，通过应用物联网、大数据、云计算、人工智能等技术，物流过程的各个环节实现了智能化管理和优化。

智能物流系统包括以下几个方面。

1. 智能仓储

智能仓储是通过引入先进的自动化设备和智能管理系统，极大地提升了仓储过程的管理效率和准确性。在智能仓储中，可以看到自动化堆高机、自动导引车以及智能货架等设备的广泛应用。这些设备能够自主完成货物的搬运、存储和检索，从而极大地减少了人工操作的需求，提高了工作效率。同时，智能仓储系统还通过引入物联网技术，实现了对货物状态的实时监控和追踪，进一步提升了仓储管理的准确性和可追溯性。

2. 智能配送

智能配送是利用大数据分析和人工智能算法，对配送路线和配送时间进行优化，以实现配送效率和准时率的提升。在智能配送中，系统会根据实时的交通信息、天气状况以及货物特性等因素，为配送员或自动驾驶车辆规划出最优的配送路线。此外，智能配送系统还能够预测货物的需求量，提前进行配送计划的制订和调整，以确保货物能够准时送达客户手中。

3. 智能管理

智能管理是通过对物流过程进行实时数据监控和分析，实现了对物流过程的全方位管理。在智能管理中，系统能够收集并处理大量的物流数据，包括货物的运输状态、配送员的实时位置以及客户的需求等信息。通过对这些数据的分析，系统能够及时发现并解决潜在问题，提高物流运营效率和服务质量。同时，智能管理系统还能够为物流企业提供决策支持，帮助企业制定更加科学合理的物流策略，进一步提升企业的竞争力和市场地位。

二、网络化协同场景

（一）数字化采购

数字化采购是指企业通过数字化平台和技术，对采购流程进行全面优化和管理，提高采购效率，降低成本和风险。

数字化采购系统包括以下几个方面。

1. 供应商管理

在数字化采购系统中，供应商管理模块发挥着至关重要的作用。通过构建一个数字化的平台，企业可以实现对供应商的全方位管理。首先，系统提供了供应商的评估机制，允许企业根据预设的评估标准，对潜在或现有的供应商进行综合评价。这不仅有助于企业筛选出优质、可靠的供应商，还能为后续的供应商选择提供有力的数据支持。其次，在选择供应商时，数字化采购系统能够根据企业的实际需求，结合评估结果，自动推荐合适的供应商。同时，系统还支持供应商的分类管理，帮助企业构建一个优化的供应商网络。通过这种方式，企业可以更加精准地掌握供应商信息，实现与供应商的高效沟通与合作。最后，数字化采购系统提供了供应商绩效管理的功能。企业可以根据采购合同的执行情况、产品质量、交货期等多个维度，对供应商进行绩效评估。这有助于企业及时发现供应商存在的问题，并采取相应的措施进行改进。

2. 采购合同管理

采购合同管理利用先进的数字化合同管理系统，实现了合同的自动生成、审批和管理。在合同生成阶段，系统可以根据采购订单的信息，自动生成符合法律要求的合同文本。这大大减轻了人工编写合同的负担，提高了工作效率。在合同审批阶段，数字化采购系统支持多级审批流程，确保合同在审批过程中得到充分的审核和确认。同时，系统还提供了合同管理的功能，允许企业随时查看合同的执行情况、变更记录和附件信息。这有助于企业全面掌握合同信息，为后续的合同执行和纠纷处理提供有力支持。

3. 采购订单管理

采购订单管理是数字化采购系统中不可或缺的一部分。通过数字化平台，企业可以实现采购订单的自动生成、审批和追踪。在订单生成阶段，系统可以根据采购需求，自动生成符合规范的采购订单。这避免了人工填写订单可能出现的错误和遗漏，提高了订单的准确性。在订单审批阶段，数字化采购系统支持灵活的审批流程设置，确保订单在审批过程中得到充分的审核和确认。同时，系统还提供了订单追踪的功能，允许企业随时查看订单的处理进度、交货时间和物流信息。这有助于企业及时掌握订单情况，为后续的采购决策提供有力支持。

（二）动产融资

动产融资是指企业以动产（如库存、设备等）作为抵押，通过数字化平台实现融资需求的解决。数字化技术在动产融资中的应用，提高了融资效率和安全性。

数字化动产融资系统包括以下几个方面。

1. 动产登记

传统的动产登记往往需要烦琐的纸质流程和人工操作，耗时且容易出错。而数字化动产融资系统通过搭建一个线上平台，实现了动产的电子化登记和管理。这不仅可以快速完成动产的登记、查询、变更等操作，还可以实时更新动产信息，确保信息的及时性和准确性。在这个平台上，用户可以随时随地进行动产登记操作，无须前往特定地点或等待特定时间。同时，系统还提供了强大的数据备份和恢复功能，确保用户数据的安全性和可靠性。通过数字化平台，动产登记的效率和透明度得到了极大的提升。这不仅方便了用户，也为金融机构和监管机构提供了更加准确和全面的动产信息，为动产融资提供了更加坚实的基础。

2. 动产评估

在动产融资过程中，对动产价值的准确评估是至关重要的一环。数字化动产融资系统利用大数据分析技术，对动产进行实时评估，为金融机构提供精准的价值判断。系统通过收集和分析动产的历史交易数据、市场行情、品质状况等信息，运用先进的算法和模型进行价值评估。这种评估方式不仅速度快、效率高，而且能够减少人为评估的误差和风险，提高评估的准确性和可靠性。通过动产评估功能，金融机构可以更加准确地了解动产的价值和风险状况，为制订融资方案和风险控制措施提供更加科学的依据。

3. 动产质押

动产质押是动产融资的一种重要方式。数字化动产融资系统通过线上平台实现了动产质押的全流程管理，包括质押申请、审核、放款、监管等各个环节。用户可以在平台上提交质押申请，并上传相关证明材料和动产信息。系统会根据用户提交的信息进行自动审核和评估，快速给出质押额度和条件。一旦审核通过，金融机构可以立即进行放款操作，并将质押物纳入系统监管范围。在质押期间，系统会实时跟踪质押物的状态和价值变化，并提供预警和提醒功能。一旦质押物出现异常情况或价值下降，系统会立即通知金融机构和用户进行处理。这种全流程管理方式不仅提高了动产质押的效率和安全性，也降低了金融机构的风险和成本。

（三）供应链金融

供应链金融是指通过数字化技术，整合供应链上下游的资金流、物流和信息流，提供高效、便捷的金融服务。数字化供应链金融不仅提高了金融服务的运行效率，还能够降低金融服务的成本和风险，提升企业的资金流动性和运营效率。

供应链金融系统包括以下几个方面。

1. 资金流管理

资金流管理是供应链金融系统的核心部分，它直接关系到供应链上下游企业之间的资金往来和流动性。通过搭建数字化平台，供应链金融系统能够实时监控和管理资金流动，确保资金的及时到位和高效利用。

2. 物流管理

物流管理是供应链金融系统的另一个重要组成部分，它负责实现物流过程的实时跟踪和管理。利用物联网和大数据技术，系统能够实时监控货物的位置、状态和运输进度，确保物流的准确性和及时性。

3. 信息流管理

信息流管理是供应链金融系统的基础部分，它负责实现供应链各环节的信息共享和管理。通过搭建数字化平台，系统能够实时收集、处理和传递供应链中的信息，确保信息的及时性和准确性。

三、服务化延伸场景

（一）B2B

B2B（Business to Business）是指企业与企业之间通过数字平台进行商品和服务的交易和协作。B2B 不仅能够提高企业间交易的效率，还能够降低交易的成本和风险。

B2B 系统包括以下几个方面。

1. 在线采购

通过这一模块，企业能够依托数字平台，与供应商、生产商等各方进行在线的采购和交易活动。这种方式不仅提高了采购的效率，还极大地增加了采购的透明度。企业可以在线浏览各种商品和服务，进行详细的比较和筛选，从而选择最适合自己需求的供应商和产品。同时，在线采购还使得订单处理、库存管理、发票生成等流程变得更加自动化和便捷，极大地降低了企业的运营成本。

2. 在线支付

在线支付模块利用先进的数字化支付系统，为企业间的在线交易提供了安全、快捷的支付和结算方式。企业可以通过该模块，实现与供应商、合作伙伴之间的资金往来，包括货款的支付、服务费用的结算等。在线支付不仅提高了支付的效率，还确保了资金的安全性。通过采用加密技术、风险评估等安全措施，系统能够保障交易双方的资金安全，降低交易风险。

3. 在线物流

通过该模块，企业可以依托数字平台，实现与物流公司的在线对接和管理。企业可以实时查看货物的运输状态、位置信息以及预计到达时间等，从而更好地掌握物流进度和安排生产计划。此外，在线物流还提供了智能化的物流解决方案，如路径优化、货物追踪等，帮助企业提高物流的效率和准确性，降低物流成本。

（二）B2C

B2C（Business to Consumer）是指企业通过数字平台直接向消费者提供商品和服务。B2C 不仅能够提高企业的销售效率，还能够提升消费者的购物体验和满意度。

B2C 系统包括以下几个方面。

1. 在线购物

B2C 系统通过数字平台，为消费者提供了海量的商品选择。无论是日用品、电子产品、服饰鞋帽，还是图书音像，消费者都能在系统内找到满足自己需求的商品。而且在线购物不仅提供了丰富的商品选择，还通过智能推荐、个性化搜索等功能，为消费者提供了更加个性化的购物体验。系统会根据消费者的历史购买记录、浏览行为等数据，推荐符合其兴趣和需求的商品。此外，B2C 系统通过优化购物流程，提高了购物的效率。消费者可以轻松地浏览商品详情、选择规格和数量、添加到购物车并完成结算。整个购物过程无须排队等待，节省了消费者的时间和精力。

2. 在线支付

B2C 系统支持多种支付方式，包括信用卡支付、第三方支付、货到付款等。消费者可以根据自己的需求选择合适的支付方式，提高了支付的灵活性和便捷性。而且系统采用了先进的加密技术和安全措施，确保消费者在支付过程中的资金安全；系统会对交易进行实时监控，及时发现并处理异常情况。同时，在线支付系统实现了快速结算的功能。一旦消费者完成支付，系统就会立即处理订单并将相关信息传递给物流等部门进行后续操作。这大大提高了订单处理的效率。

3. 物流配送

B2C 系统通过数字平台实现了物流配送的实时管理。消费者可以在系统内查询订单的物流信息，了解订单的处理进度和配送状态。这有助于消费者更好地掌握订单的配送情况并作出相应的安排。系统拥有完善的配送网络和先进的配送技术，能够确保商品在规定时间内送达消费者手中。同时，系统还会根据消费者的地理位置和配送需求进行智能调度和优化配送路径以提高配送效率。消费者在收到商品后可以对配送服务进行评价和反馈。系统会根据消费者的评价和反馈对配送服务进行改进和优化以提高服务质量。此外，消费者还可以在系统内查询历史订单和配送记录方便管理自己的购物信息。

（三）S2B2C（产业电商）

S2B2C（Supplier to Business to Consumer）模式是指供应链上的供应商或大企业（S）通过支持渠道商或小型企业（B），间接为消费者（C）提供服务。该模式不仅能够提升供应链的效率，还能够通过赋能小型企业实现共同发展。

S2B2C 系统包括以下几个方面。

1. 供应链管理

S2B2C 系统中的供应链管理，是通过一个高度集成和智能化的数字化平台来完成的。这个平台可以实时监控供应链的各个环节，从原材料采购、生产、仓储到物流配送，都能够在平台上得到清晰的展现。通过大数据分析，平台可以预测市场需求，优化库存管理，减少库存积压和浪费。同时，平台还可以实现供应商和制造商之间的无缝对接，提高供应链的响应速度和灵活性。这种高效的管理方式，不仅提高了供应链的效率和透明度，还降低了企业的运营成本，提高了企业的竞争力。

2. 小型企业赋能

在 S2B2C 系统中，渠道商或小型企业是连接供应链和消费者的桥梁。为了提升渠道商或小型企业的竞争力和运营效率，系统通过数字平台为它们提供了全方位的支持。这些支持包括但不限于：技术支持，帮助渠道商或小型企业建立自己的电商平台，实现线上线下的融合；培训服务，为渠道商或小型企业提供市场营销、产品推广等方面的培训，提升它们的市场竞争力；资源共享，为渠道商或小型企业提供供应链、物流、仓储等方面的资源共享，降低它们的运营成本。通过这些支持，渠道商或小型企业可以更加专注于自己的核心业务，提高运营效率，实现快速发展。

3. 消费者服务

在 S2B2C 系统中，消费者是最终的受益者。系统通过数字化平台，为消费者提供了个性化的产品和服务。这些产品和服务不仅满足了消费者的基本需求，还根据消费者的喜好和习惯进行了定制。同时，系统还提供了多种便捷的购物方式，如在线支付、物流配送等，让消费者的购物体验更加顺畅和愉悦。此外，系统还通过数据分析，了解消费者的需求和反馈，不断优化产品和服务，提高消费者的满意度和忠诚度。

（四）B2B2B（大宗商品交易）

B2B2B（Business to Business to Business）模式是指企业与企业之间通过数字平台进行大宗商品的交易和协作。该模式不仅能够提高大宗商品交易的效率，还能够降低交易的成本和风险。

B2B2B 系统包括以下几个方面。

1. 在线交易

B2B2B 系统通过搭建一个先进的数字平台，实现了大宗商品交易的全面在线化。这个平台不仅提供了商品的展示和搜索功能，还集成了交易、谈判、签约、支付等各个环节，形成了一个完整的交易闭环。通过在线交易，买卖双方可以实时查看商品的库存、价格、质量等信息，快速达成交易意向，并通过系统完成合同的签订和资金的结算。这种交易模式不仅大大提高了交易的效率，还通过减少中间环节和人为干预，提高了交易的透明度，降低了交易的风险。

2. 在线物流

B2B2B 系统利用数字化物流管理系统，实现了大宗商品物流的全程监控和优化。这个系统通过集成各种物流资源，如运输车辆、仓储设施、配送网络等，实现了对物流过程的全面掌控。通过在线物流，企业可以实时查看货物的位置、状态、运输进度等信息，并根据需要进行调度和优化。这不仅提高了物流的效率和准确性，还降低了物流成本，提升了企业的竞争力。

3. 风险管理

B2B2B 系统通过数字平台，实现了大宗商品交易的风险管理和控制。系统通过收集和分析市场数据、交易数据、物流数据等信息，及时发现潜在的风险因素，并采取相应的措施进行防范和控制。

四、个性化定制场景

（一）C2M

C2M（Customer to Manufacturer）模式是指消费者直接与制造商进行互动，提出个性化需求，制造商根据需求进行定制化生产。该模式能够满足消费者的个性化需求，提高制造商的生产效率和客户满意度。

C2M 系统包括以下几个方面。

1. 需求采集

C2M 系统通过精心设计的数字平台，为消费者提供了一个表达其个性化需求和偏好的窗口。这个平台可以是一个在线商城、一个移动应用或一个专门的消费者社区。消费者在这个平台上可以详细描述他们想要的产品的特性、颜色、尺寸、材质等。这种详细的描述使得制造商能够精确地了解消费者的期望。通过对大量消费者数据的分析，C2M 系统能够预测未来的市场趋势，并提前为制造商提供生产建议。这种前瞻性的分析有助于制造商减少库存积压，同时确保产品的适销对路。

2. 定制生产

C2M 系统利用先进的数字化生产系统，如物联网、大数据分析和人工智能等，实现制造过程的个性化定制。这些技术使得生产线能够灵活调整，以满足不同消费者的独特需求。消费者在数字平台上提交的需求会被直接传输到生产线上，生产线会根据这些需求进行个性化生产。这种生产方式避免了传统制造中的大规模生产和库存积压，同时确保了产品的独特性和个性化。数字化生产系统还能够实时监控生产线的运行状态，确保生产过程的稳定性和高效性。同时，通过对生产数据的分析，制造商可以及时发现并解决潜在的质量问题，从而提高产品的整体质量。

3. 物流配送

在 C2M 系统中，数字平台不仅用于需求采集和定制生产，还负责实现定制产品的高效物流配送。消费者可以在平台上实时查看订单状态、配送进度等信息。C2M 系统通过智能调度和路径规划，实现定制产品的高效物流配送。这种配送方式能够确保产品在最短的时间内送达消费者手中，同时降低运输成本。C2M 系统还采用先进的物流跟踪技术，确保产品在运输过程中的安全性和准确性。消费者可以通过数字平台实时查看产品的位置和状态，从而随时了解订单的进展情况。

（二）数字营销

数字营销是指通过数字技术和平台进行精准的市场推广并与消费者互动。数字营销不仅能够提升企业的营销效果，还能够提升消费者的参与度和忠诚度。

数字营销系统包括以下几个方面。

1. 大数据分析

在数字营销中，大数据分析占据了举足轻重的地位。它通过对海量数据的收集、整理、分析和挖掘，为营销策略的制定提供了坚实的数据支持。利用大数据分析技术，企业可以深入了解消费者的购买习惯、偏好、行为模式以及市场趋势，从而制订更为精准、有效的营销策略和计划。例如，通过分析消费者的搜索记录和浏览历史，企业可以了解消费者的兴趣点和需求，进而推送更符合其喜好的产品或服务信息。

2. 个性化推荐

个性化推荐是数字营销中的一大亮点。它借助人工智能和机器学习算法，对消费者的个人信息、行为数据等进行分析，实现个性化的产品和服务推荐。这种推荐方式能够精准地把握消费者的喜好和需求，提升营销的精准性和效果。同时，个性化推荐还能够增强消费者的购物体验，提高消费者满意度和忠诚度。例如，电商平台可以根据用户的购买历史和浏览记录，推荐相关的商品或优惠活动，引导用户进行购买。

3. 多渠道营销

在数字营销中，多渠道营销是不可或缺的一部分。它通过社交媒体、电子邮件、移动应用等多种数字渠道，进行全方位的市场推广和客户互动。这种营销方式能够扩大品牌的影响力和市场覆盖面，提高品牌的知名度和美誉度。同时，多渠道营销还能够加强与客户的互动和沟通，了解客户需求和反馈，为产品和服务的改进提供依据。例如，企业可以通过社交媒体平台发布产品信息、优惠活动等内容，吸引用户的关注和参与；通过电子邮件向用户发送定制化的营销邮件，提高用户的参与度和转化率；通过移动应用提供便捷的购物和支付体验，增强用户的购物体验。

4. 营销自动化

营销自动化是数字营销系统中的重要组成部分。它利用数字化营销工具，实现营销过程的自动化和智能化管理。这种管理方式能够降低营销成本、提升营销效率和效果。例如，通过自动化的邮件营销系统，企业可以定时向用户发送定制化的邮件内容；通过自动化的社交媒体管理系统，企业可以自动发布和更新社交媒体内容；通过自动化的数据分析工具，企业可以实时监控和分析营销效果，为营销策略的调整提供依据。此外，营销自动化还能够提高营销团队的协作效率，使团队成员能够更加专注于核心业务和创新工作。

第四章

产业转型升级

第一节　产业转型升级概述

一、产业转型升级的相关概念

（一）产业结构

产业结构是指一个国家或地区在特定时期内，各产业部门在国民经济中的地位和相互关系。它反映了不同产业部门的规模、产值、就业以及其在国民经济中所占的比重。我国的三次产业可以分为第一产业（如农业、林业、牧业、渔业等）、第二产业（如制造业、建筑业等）和第三产业（如批发和零售业，交通运输、仓储和邮政业，住宿和餐饮业等）。

产业结构的合理性直接关系到经济发展的质量和效益。合理的产业结构能够有效配置资源，提升生产效率，促进经济持续健康发展，而不合理的产业结构则可能导致资源浪费、生产效率低下，甚至引发经济危机。

产业结构的演变通常伴随着经济发展的不同阶段。在经济发展的初期阶段，第一产业占主导地位，随着经济的发展第二产业和第三产业的比重逐渐增加，产业结构逐步优化，实现从低级到高级的转变。

（二）产业结构转型

产业结构转型是指在经济发展的过程中通过调整产业结构，改变各产业部门在国民经济中的相对地位，实现资源的优化配置和产业的协调发展。产业结构转型的目的是提高经济的整体效率和竞争力，促进经济的可持续发展。

产业结构转型的主要内容包括以下几个方面。

1. 从第一产业向第二产业和第三产业转变

在第一产业占主导地位的阶段，经济活动主要围绕着自然资源的开采和初步加工展开，如农业、矿业和简单的制造业。然而，随着经济的发展和生产技术的进步，人们开始意识到仅仅依赖自然资源并不能带来持久的繁荣。于是，经济活动逐渐从第一产业转向第二产业和第三产业。第二产业，如制造业和建筑业，在第一产业的基础上，对原材料进行更深入的加工和改造，创造出更多样化、更高质量的产品。同时，第三产业也迅速崛起。这些产业不仅为经济增长提供了新的动力，也推动了经济结构的优化升级。在这个过程中，产业结构从单一向多元、从低级向高级转变，这是经济发展到一定阶段的必然结果。

2. 从劳动密集型产业向资本密集型和技术密集型产业转变

在经济发展的初期阶段，劳动密集型产业占据主导地位。这些产业主要依靠大量廉价的劳动力来降低生产成本，提高市场竞争力。然而，随着生产力的不断发展和劳动力成本的上升，这种发展模式逐渐失去了优势。于是，经济活动开始从劳动密集型产业向资本密集型和技术密集型产业转变。资本密集型产业需要大量的资金投入来购买先进的生产设备和技术，以提高生产效率和降低成本。而技术密集型产业则更加注重技术创新和研发，通过不断推出新产品和新技术来保持市场竞争力。这种转变不仅提高了生产效率和竞争力，也推动了经济结构的优化升级。

3. 从传统产业向新兴产业转变

随着科技进步和市场需求的变化，传统产业逐渐失去了市场优势。这些产业往往面临着技术落后、产能过剩、环境污染等问题。为了应对这些挑战，经济活动开始从传统产业向新兴产业转变。新兴产业主要包括信息技术、生物技术、新能源等领域。这些产业具有技术含量高、附加值高、环保性好等特点，能够满足市场对新产品和新技术的需求。同时，这些产业也能够带动相关产业的发展，形成产业集群和产业链效应。这种转变不仅推动了经济增长和结构升级，也为经济发展注入了新的活力和动力。

4. 从低附加值产业向高附加值产业转变

在经济发展的过程中，人们逐渐认识到仅仅依靠低附加值产业并不能带来持久的繁荣。这些产业往往只能获得微薄的利润，而且容易受到市场波动的影响。因此，需要通过提升技术水平和创新能力来提高产品和服务的附加值，实现从低附加值产业向高附加值产业的转变。在这个过程中，需要注重技术创新和研发，不断推出新产品和新技术。同时，也需要加强品牌建设和市场营销，提高产品和服务的知名度和美誉度。这样不仅能够提高产品的附加值和竞争力，还能够增强经济竞争力和发展后劲。这种转变是经济发展到一定阶段的必然结果，也是实现经济可持续发展的重要途径。

产业结构转型的实现需要政府、企业和社会各界的共同努力。政府可以通过制定和实施有利的产业政策，提供必要的财政和金融支持，优化市场环境；企业需要加强技术创新和管理创新，提高生产效率和市场竞争力；社会各界需要提供良好的人才、技术和信息支持，推动产业结构的优化升级。

（三）产业结构升级

产业结构升级是指在产业结构转型的基础上，通过技术进步、管理创新、市场拓展等手段，提高各产业部门的技术水平和生产效率，提升产业链的附加值，实现从低级产业结构向高级产业结构的转变。

产业结构升级的主要内容包括以下几个方面。

1. 技术升级

技术升级是产业结构升级的核心驱动力。它涵盖了从引进国际先进技术到自主研发创新技术的全过程。在技术升级的过程中，企业不仅关注生产工艺的改进，还注重产品设计、流程管理和商业模式的创新。通过引进先进的生产设备和技术，企业能够显著提高生产效率，降低生产成本，从而增强市场竞争力。同时，自主创新技术的研发也是企业持续发展的关键，只有不断创新，才能确保企业在激烈的市场竞争中立于不败之地。

2. 产品升级

产品升级是产业结构升级的重要体现。随着消费者需求的不断变化和市场竞争的加剧，企业需要不断开发和推广高附加值、高技术含量的新产品，以满足市场需求。产品升级不仅包括产品性能和质量的提升，还包括产品功能和外观的创新。通过引入新技术、新材料和新工艺，企业可以设计出更加美观、实用、智能化的产品，从而赢得消费者的青睐。同时，产品升级还可以提高企业的品牌价值和市场地位，为企业带来更多的利润和市场份额。

3. 服务升级

服务升级是产业结构升级的重要组成部分。在服务业快速发展的今天，企业的服务水平和服务质量对于赢得消费者信任和提高市场竞争力至关重要。服务升级不仅包括服务内容和形式的创新，还包括服务流程和管理的优化。通过引入先进的服务理念和管理方法，企业可以提供更加便捷、高效、个性化的服务，满足消费者的多样化需求。同时，服务升级还可以提高企业的客户满意度和忠诚度，为企业创造更多的口碑和品牌价值。

4. 管理升级

管理升级是产业结构升级的内在要求。随着企业规模的不断扩大和市场竞争的加剧，企业需要不断提高管理水平和运营效率，以应对日益复杂的经营环境和市场挑战。管理升级不仅包括组织结构和管理流程的优化，还包括管理模式和管理工具的创新。通过引入现代管理理念和方法，企业可以建立更加科学、高效、灵活的管理体系，提高企业的决策效率和执行力。同时，管理升级还可以培育企业的创新能力和应变能力，为企业未来的发展奠定坚实的基础。

5. 市场升级

市场升级是产业结构升级的外在表现。随着全球化和市场竞争的加剧，企业需要不断开拓新市场和拓宽市场空间，以提高产品和服务的市场覆盖面与市场份额。市场升级不仅包括国内市场的开拓，还包括国际市场的拓展。通过深入了解市场需求和消费者心理，企业可以制订更加精准的市场营销策略和方案，提高产品的市场占有率和品牌影响力。同时，市场升级还可以帮助企业建立更加完善的销售网络和渠道体系，提升产品的流通效率和销售效果。

产业结构升级的实现需要多方面的努力。政府需要制定和实施有利的产业政策，提供必要的财政和金融支持，优化市场环境；企业需要加强技术创新和管理创新，提高生产效率和市场竞争力；社会各界需要提供良好的人才、技术和信息支持，推动产业结构的升级。

产业结构升级的目标是实现经济的高质量发展和可持续发展。通过产业结构升级，可以提高资源的利用效率，提升生产的技术水平和附加值，增强经济的竞争力和抗风险能力，推动经济的持续健康发展。

（四）产业转型升级的核心要素

1. 产业结构优化

产业结构优化是产业转型升级的核心目标之一。通过优化产业结构，可以实现资源配置的高效化、生产效率的提升以及产业间的协同效应。具体包括调整产业内部的各个部门和环节，促进产业之间的协调发展，提高整体经济的竞争力和可持续发展能力。

2. 技术水平提升

技术水平提升是产业转型升级的重要驱动力。通过引进和自主研发先进技术，企业可以提高生产效率、降低成本、提升产品质量和附加值，从而在市场竞争中获得优势。技术创新不仅涉及生产工艺的改进，还包括产品设计、流程管理和商业模式的创新。

3. 组织形式创新

组织形式创新是产业转型升级的重要内容。通过创新企业的组织结构和管理模式，可以提升企业的运营效率和竞争力。具体包括引入扁平化管理、实施精益生产、推进智能制造等。此外，企业间的合作和资源共享也是组织形式创新的重要方面，可以通过产业联盟、企业联合等形式实现资源的优化配置和协同发展。

4. 产业生态系统完善

产业生态系统完善是产业转型升级的基础保障。一个完善的产业生态系统包括良好的市场环境、完善的法律法规、健全的金融体系、丰富的人才资源等。通过构建良好的产业生态系统，可以为企业的转型升级提供支持和保障，推动产业的持续健康发展。

二、产业转型升级的测度

产业转型升级的测度是评估和分析产业转型升级效果的重要手段。通过对产业转型升级进行科学测度，可以全面了解产业发展的现状和趋势，发现存在的问题和不足，为产业政策的制定和实施提供依据。产业转型升级的测度通常包括以下几个方面。

（一）产业结构测度

1. 产业结构系数

产业结构系数是反映产业内部各部门和环节发展状况的重要指标。通过对各部门和环节的产值、就业、投资等数据进行分析，可以评估产业结构的合理性和优化程度。例如，产业结构系数可以通过各部门产值占总产值的比重、各部门就业人数占总就业人数的比重等指标进行计算。

2. 产业集中度

产业集中度是评估产业内部各部门和环节集中度的重要指标。通过对各部门和环节的市场份额、企业数量、产业链长短等数据进行分析，可以评估产业结构的集中度和分散程度。例如，产业集中度可以通过市场份额集中度指数、企业集中度指数等指标进行计算。

3. 产业链长度

产业链长度是反映产业链条上各环节的长度和完整性的重要指标。通过对产业链上各环节的数量、投资、产值等数据进行分析，可以评估产业链的完整性和延伸程度。例如，产业链长度可以通过产业链环节数、产业链投资额等指标进行计算。

4．产业关联度

产业关联度是反映产业内部各部门和环节之间关联性的重要指标。通过对各部门和环节之间的投入产出关系进行分析，可以评估产业结构的协同效应和优化程度。例如，产业关联度可以通过产业关联系数、产业投入产出系数等指标进行计算。

（二）技术水平测度

1．技术创新指数

技术创新指数是评估企业技术创新能力和水平的重要指标。通过对企业的研发投入、技术专利数量、技术成果转化率等数据进行分析，可以评估企业的技术创新能力和水平。例如，技术创新指数可以通过研发投入强度、技术专利密度、技术成果转化率等指标进行计算。

2．技术进步贡献率

技术进步贡献率是评估技术进步对产业发展贡献程度的重要指标。通过技术进步对产业产值、就业、投资等数据的贡献程度进行分析，可以评估技术进步对产业发展的推动作用。例如，技术进步贡献率可以通过技术进步对产业产值增长的贡献率、技术进步对产业就业增长的贡献率等指标进行计算。

3．技术成果转化率

技术成果转化率是评估企业技术成果转化能力和水平的重要指标。通过对企业技术成果的市场化应用情况进行分析，可以评估企业的技术成果转化能力和水平。例如，技术成果转化率可以通过技术成果市场化率、技术成果转化收益率等指标进行计算。

4．技术成熟度

技术成熟度是评估企业技术应用水平和成熟度的重要指标。通过对企业技术应用的广泛性和成熟度进行分析，可以评估企业的技术应用水平和成熟度。例如，技术成熟度可以通过技术应用覆盖率、技术应用成熟度等指标进行计算。

（三）组织形式测度

1．组织创新指数

组织创新指数是评估企业组织结构和管理模式创新能力和水平的重要指标。通过对企业组织结构、管理流程、生产方式等数据进行分析，可以评估企业的组织创新能力和水平。例如，组织创新指数可以通过组织结构优化指数、管理流程创新指数、生产方式创新指数等指标进行计算。

2．管理效率指数

管理效率指数是评估企业管理效率和水平的重要指标。通过对企业管理流程、管理成本、管理效果等数据进行分析，可以评估企业的管理效率和水平。例如，管理效率指数可以通过管理流程优化率、管理成本降低率、管理效果提升率等指标进行计算。

3．生产方式测度

生产方式测度是评估企业生产方式和水平的重要指标。通过对企业生产方式的自动化、智能化、精益化等数据进行分析，可以评估企业的生产方式和水平。例如，生产方式测度可以通过生产自动化率、生产智能化率、生产精益化率等指标进行计算。

4．组织架构测度

组织架构测度是评估企业组织架构和水平的重要指标。通过对企业组织架构的扁平化、精简化、灵活化等数据进行分析，可以评估企业的组织架构和水平。例如，组织架构测度可以通过组织扁平化指数、组织精简化指数、组织灵活化指数等指标进行计算。

（四）产业生态系统测度

1．市场竞争力指数

市场竞争力指数是评估产业市场竞争力和水平的重要指标。通过对产业市场份额、市场覆盖率、市场占有率等数据进行分析，可以评估产业的市场竞争力和水平。例如，市场竞争力指数可以通过市场份额集中度、市场覆盖率、市场占有率等指标进行计算。

2. 政策支持力度

政策支持力度是评估政府对产业发展支持力度和水平的重要指标。通过对政府财政支持、金融支持、政策扶持等数据进行分析，可以评估政府对产业发展的支持力度和水平。例如，政策支持力度可以通过财政支持力度、金融支持力度、政策扶持力度等指标进行计算。

3. 金融支持水平

金融支持水平是评估金融机构对产业发展支持力度和水平的重要指标。通过对金融机构贷款、投资、融资等数据进行分析，可以评估金融机构对产业发展的支持力度和水平。例如，金融支持水平可以通过贷款支持力度、投资支持力度、融资支持力度等指标进行计算。

4. 人才资源测度

人才资源测度是评估产业人才资源和水平的重要指标。通过对产业人才数量、素质、结构等数据进行分析，可以评估产业的人才资源和水平。例如，人才资源测度可以通过人才数量、人才素质、人才结构等指标进行计算。

三、产业转型升级的驱动因素

产业转型升级的实现依赖多种驱动因素的共同作用，主要包括以下几个方面。

（一）市场需求变化

市场需求变化是产业转型升级的重要驱动因素。随着消费者需求的多样化和个性化，企业需要不断调整和优化产品和服务，提升附加值和竞争力，从而实现产业的转型升级。具体表现在以下几个方面。

1. 需求的多样化

随着社会经济的发展和消费者收入水平的提高，消费者的需求变得更加多样化和个性化。企业需要通过市场调研和数据分析，了解消费者的需求变化，开发和推出符合市场需求的产品和服务，提高市场竞争力和客户满意度。

2．需求的个性化

随着现代社会消费观念的转变，个性化消费趋势逐渐崭露头角，消费者对产品和服务的个性化需求日益凸显。这种变化不仅反映了消费者对于独特性和专属感的追求，也为企业带来了新的挑战和机遇。为了紧跟这一趋势，企业需要深入洞察市场，通过技术创新和商业模式变革，不断提供个性化的产品和服务，以满足消费者的个性化需求。

（1）定制化生产。随着柔性制造和大规模定制技术的不断发展，企业可以更加灵活地应对市场的变化。通过引入这些技术，企业可以根据消费者的具体需求和喜好，生产出独一无二的产品，实现真正意义上的定制化。这种生产方式不仅能够提高产品的附加值，还能增强消费者的满意度和品牌忠诚度。

（2）个性化营销。随着大数据分析和人工智能技术的广泛应用，企业可以更加精准地分析消费者的行为和偏好。通过对这些数据的深入挖掘和分析，企业可以了解消费者的真实需求和心理预期，从而制定出更加贴近消费者需求的个性化营销策略。

3．需求的快速变化

在全球化和信息化的双重浪潮下，市场需求的变化速度已经达到了前所未有的高度。这种变化不仅体现在需求的多样性上，更体现在其快速性和不可预测性上。因此，企业要想在这样的环境中立足，就必须具备一种快速响应市场变化的能力，这种能力能够确保企业及时调整和优化自身的产品和服务，以满足市场的最新需求，进而保持自身的竞争优势。

具体而言，这种快速响应市场变化的能力体现在以下几个方面。

（1）快速产品迭代。在全球化和信息化的推动下，消费者对产品的期望和需求也在不断升级和变化。企业需要通过快速研发和迭代，不断推出新产品和服务，以满足市场的最新需求。这种快速迭代的能力，不仅能够帮助企业抢占市场先机，更能够提升企业的市场竞争力。通过不断的试错和改进，企业可以更快地找到市场的痛点，并有针对性地推出解决方案，从而提升客户满意度和忠诚度。

（2）灵活生产。随着市场的不断变化，企业也需要具备灵活调整生产的能力。通过引入智能制造和数字化技术，企业可以实现生产过程的灵活调整和优化。这种灵活生产的能力，使得企业能够快速响应市场需求的变化，根据订单和库存情况快速调整生产计划。同时，数字化技术还可以帮助企业实现生产过程的可视化和智能化管理，提高生产效率和灵活性。这种灵活生产的能力，不仅能够帮助企业降低库存成本，还能够确保企业能够在短时间内完成大量订单的生产和交付，从而满足市场的紧急需求。

（二）技术进步

技术进步是产业转型升级的核心驱动力。通过技术创新，企业可以提高生产效率、降低成本、提升产品质量，从而在市场竞争中获得优势。具体表现在以下几个方面。

1. 技术创新

技术创新无疑是推动产业迈向更高层次、实现转型升级的不可或缺的动力源泉。通过引进和自主研发先进技术，企业可以实现技术创新，提升产品和服务的竞争力。具体表现在以下两个方面。

（1）产品创新。企业不仅可以通过引进国际前沿的技术和优质的材料，还可以结合自身的研发实力，打造出独一无二、具有创新性的产品。这样的产品，不仅能够在功能和性能上超越市场上的同类产品，还能够凭借其独特的设计理念和品牌价值，提升产品的附加值，从而在激烈的市场竞争中脱颖而出。这种产品创新的模式，不仅有助于企业塑造品牌形象，还能够为企业带来持续稳定的收益增长。

（2）工艺创新。在现代化的生产过程中，生产工艺和流程的优化对于提高生产效率、降低生产成本、提升产品质量等方面具有至关重要的作用。通过技术创新，企业可以不断改进和优化生产工艺，实现生产流程的自动化、智能化和精细化。这不仅能够降低生产成本，提高生产效率，还能够确保产品质量的稳定性和一致性，提升企业的市场竞争力。

2. 技术应用

技术应用无疑是推动产业转型升级的关键动力，它以其独特的优势助力企业向更高效、更智能的方向发展。具体包括以下两个方面。

（1）信息技术的广泛应用为企业带来了前所未有的变革。在信息化时代，信息技术的应用已经渗透企业的每一个角落。通过引入信息技术，企业可以实现信息化管理和运营，将传统的管理模式和业务流程进行数字化改造。这不仅大大提高了企业的运营效率，还使管理更加精准、高效。具体来说，企业可以建立信息化管理系统，实现数据的实时采集、分析和处理，从而更好地把握市场动态，优化决策过程。同时，通过引入云计算、大数据等先进技术，企业可以进一步拓宽其业务领域，提升竞争力。

（2）自动化技术的应用为企业带来了显著的效益。自动化设备和系统的引入，使得企业可以实现生产过程的自动化和智能化。这不仅极大地提高了生产效率，还降低了生产成本和人为错误的风险。具体来说，企业可以引入自动化生产线、机器人等设备，实现生产流程的自动化和智能化控制。这样，企业可以更快地响应市场需求，提高产品质量和交付速度。同时，通过引入智能传感器、物联网等技术，企业还可以实现生产过程的实时监控和预警，确保生产过程的稳定性和安全性。

3. 技术扩散

技术扩散是产业转型升级中的一股强大动力。这个过程涉及技术的广泛传播和应用，其深远影响不仅限于单一企业，而是能够辐射整个产业链，引领产业向更高层次发展。具体表现在以下两个方面。

（1）在技术扩散的过程中，技术合作发挥着至关重要的作用。这种合作可以是企业间的，也可以是产学研之间的。通过技术合作，企业可以共同研发新技术，共享研发成果，从而实现技术的快速传播和应用。同时，技术转让也是技术扩散的重要途径。通过技术许可、技术出售等方式，企业将自身拥有的先进技术转让给其他企业，帮助这些企业提升技术水平，进而推动整个产业的升级。

（2）除了技术合作，技术标准化也是技术扩散的关键环节。技术标准化意味着通过制定和推广统一的技术规范，使得不同的企业和产品能够遵循同一套标准进行操作和生产。这种标准化不仅可以提高产品的质量和性能，还可以降低生产成本，提高产品的市场竞争力。同时，技术标准化还能够促进技术的广泛应用和扩散。因为当一项技术被标准化后，其他企业就可以更容易地掌握和应用这项技术，从而推动整个产业的技术进步。

（三）政策支持

政策支持是产业转型升级的重要保障。政府可以通过制定和实施产业政策、提供财政和金融支持、优化市场环境等措施，为企业的转型升级提供支持和保障，推动产业的持续健康发展。具体表现在以下几个方面。

1．产业政策

产业政策是政府推动产业转型升级的重要手段。通过制定和实施有针对性的产业政策，政府可以引导和支持企业进行技术创新和产业升级。具体包括以下两个方面。

（1）技术创新政策。技术创新是推动企业乃至整个产业向前发展的根本动力。为了激发企业的创新活力，政府采取了多种措施。其中，财政和税收优惠政策尤为关键。这些政策不仅降低了企业的研发成本，还为企业提供了更多的创新资金，使其能够更加积极地投入技术创新的浪潮。此外，政府还设立了科技创新基金，这些基金专门用于支持那些具有创新潜力和市场前景的研发项目。这不仅为企业的技术创新提供了坚实的后盾，也促进了整个社会创新氛围的形成。

（2）产业结构调整政策。随着经济的发展和市场的变化，产业结构需要不断地进行调整和优化。政府通过制定和实施产业结构调整政策，引导企业向高技术、高附加值、低能耗、低污染的方向发展。这种政策不仅能够提高产业的整体竞争力，还能够促进产业之间的协调发展，形成更加健康、可持续的产业结构。具体来说，政府可能会鼓励某些新兴产业的发展，同时限制或淘汰那些落后、低效的产业。这种有针对性的政策调整有助于实现产业结构的优化升级，为经济的持续发展注入新的活力。

2．财政支持

财政支持无疑是政府在促进产业转型升级过程中极为关键的一环。在这个过程中，财政手段如同一双有力的大手，为企业提供了坚实的后盾，推动它们勇敢地迈向更高层次的发展。具体包括以下两个方面。

（1）财政补贴。政府通过精心设计的财政补贴政策，为那些有志于进行技术研发和产业升级的企业提供了强大的资金支持。这些补贴资金如同一股清流，滋养着企业的创新之树，使它们能够在技术创新的道路上走得更远、更稳。通过财政补贴，企业的技术创新能力和竞争力得到了显著提升，为产业的转型升级注入了强大的动力。

（2）融资支持。在产业升级的过程中，资金短缺往往是企业面临的一大难题。政府通过提供融资支持，为企业解决了这一燃眉之急。无论是通过贷款、担保还是其他形式的融资支持，政府都在为企业提供着宝贵的资金保障。这些资金如同及时雨，滋润着企业的产业升级之路，使它们能够在资金充足的情况下，更加专注于技术创新和产业升级，从而实现更高质量的发展。

3. 市场环境优化

市场环境优化是政府推动产业转型升级的重要措施。通过优化市场环境，政府可以为企业的转型升级创造良好的市场条件，促进企业的健康发展。具体包括以下两个方面。

（1）市场监管。在市场监管方面，政府的工作细致而深入。首先，通过建立健全的市场监管机制，政府对市场上的各类行为进行严格的监督与管理，确保市场秩序的有序运行。这一过程中，政府不仅要打击各种违法违规行为，还要针对不正当竞争、价格欺诈等市场乱象进行整治，从而为企业营造一个公平、透明、有序的市场环境。其次，除了对市场的日常监管，政府还注重对市场主体的保护。通过加强企业的权益保护，政府确保企业在市场中的合法权益不受侵犯。无论是在知识产权保护、合同履行，还是在商业机密保护等方面，政府都提供了强有力的法律支持，让企业在市场竞争中无后顾之忧。

（2）知识产权保护。在知识产权保护方面，政府更是倾注了极大的精力。随着科技的飞速发展，知识产权已经成为企业竞争的核心要素。政府通过制定和完善知识产权法律法规，为企业提供了强有力的法律保障。同时，政府还加大了知识产权的执法力度，对侵犯知识产权的行为进行严厉打击，从而保护了企业的技术创新成果，激发了企业进行技术创新的积极性。

（四）人才资源

人才资源是产业转型升级的重要支撑。通过引进和培养高素质的人才，企业可以提升技术创新能力和管理水平，从而推动产业的转型升级。具体表现在以下几个方面。

1. 人才引进

人才引进无疑是现代企业发展中不可或缺的一环，它不仅是企业技术创新能力和管理水平提升的重要推动力，更是企业实现长远、稳定发展的关键。在当前的竞争环境中，对人才的需求愈发迫切，因此，如何精准引进并留住人才，成为每一个企业都需要深思的问题。

（1）高端人才引进。这些高端人才通常具备深厚的专业知识、丰富的行业经验和卓越的创新能力，他们的加入可以为企业带来新的技术理念、管理方法以及市场洞察力。通过引进高端技术人才，企业可以加快新产品、新技术的研发速度，提升产品质量和技术含量，从而在市场上获得更大的竞争优势。同时，高端管理人才的引进也能帮助企业优化内部管理流程，提升管理效率，进一步推动企业的整体发展。

（2）国际人才引进。随着全球化的不断深入，企业面临的竞争环境也日益国际化。引进国际人才不仅可以提升企业的国际化水平，提高企业的跨文化沟通能力，还能帮助企业更好地了解国际市场的需求和趋势，为企业的国际化战略提供有力支持。同时，国际人才的引进也能为企业带来新的思维方式和管理理念，推动企业不断创新和进步。

2. 人才培养

人才培养无疑是企业在日新月异的商业环境中保持竞争力、实现长远发展的关键因素。这一过程的核心不仅在于吸引和留住优秀的人才，更在于如何通过系统、全面的培养，使这些人才能够为企业带来更大的价值。特别是在技术创新和管理水平提升方面，人才培养的作用更是不可或缺。

（1）技术培训。在快速变化的技术环境中，员工需要不断地学习和更新知识，以适应新的工作需求。通过组织定期的技术培训，企业可以确保员工掌握最新的技术知识和技能，从而提升企业整体的技术创新能力和竞争力。这些培训包括专业技能提升、新技术学习、创新方法培养等多个方面，旨在让员工在工作中更加得心应手，为企业带来更多的创新成果。

（2）管理培训。在复杂多变的市场环境中，企业需要拥有一支高效、专业的管理团队来引领企业走向成功。通过提供管理培训，企业可以帮助管理人员掌握最新的管理理念和方法，提升他们的管理水平和领导能力。这些培训可以涵盖团队管理、项目管理、领导力培养等多个方面，旨在帮助管理人员更好地履行职责，推动企业的快速发展。

3. 人才激励

人才激励是现代企业发展的核心驱动力之一，特别是在提升企业技术创新能力和管理水平方面，其重要性更是不可小觑。这种激励并非简单地给予物质回报，而是一种深入人心的动力源泉，它能够促进员工潜能的充分释放，推动企业不断向前发展。

（1）薪酬激励。这不仅是一种物质上的给予，还是一种对员工价值的认可与尊重。通过提供具有竞争力的薪酬待遇，企业能够极大地激发员工的创新活力。员工在得到应有的物质回报后，会更加专注于技术创新和管理创新，为企业带来更多的创新成果，从而提升企业的技术创新能力和管理水平。这种激励方式在现代企业中已经得到了广泛的应用，并且取得了显著的效果。

（2）股权激励。股权激励计划允许员工持有企业的股份，从而成为企业的共同主人。这种激励方式不仅能让员工感受到企业的未来发展与自身息息相关，更能激发他们长期为企业的发展贡献力量的决心。当员工成为企业的股东后，他们会更加关注企业的长远发展，更加积极地参与技术创新和管理创新，为企业创造更多的价值。这种激励方式在现代企业中已经得到了广泛的认可和应用，成为推动企业持续发展的重要动力。

（五）国际竞争

国际竞争是推动产业转型升级的重要外部压力。面对激烈的国际竞争，企业需要不断提升自身的竞争力和创新能力，通过技术进步、产品升级、市场拓展等手段，实现产业的转型升级。具体表现在以下几个方面。

1. 技术竞争

在全球化的时代浪潮中，技术竞争已经成为企业生存和发展的关键。随着科技的日新月异，技术竞争愈发激烈，企业若想在这样的大环境中保持领先地位，就必须不断地进行技术创新和技术进步。这不仅是企业持续发展的动力源泉，更是企业保持竞争优势的必由之路。

（1）技术引进是快速提升企业技术水平的有效方式。通过引进国外先进的技术，企业能够迅速缩小与国际先进水平的差距，甚至在某些领域实现技术赶超。技术引进不仅能够帮助企业提升产品和服务的竞争力，还能够为企业的自主创新提供重要的技术支撑和借鉴。

（2）企业还需要注重自主创新，通过自主研发和技术创新，不断提升自身的技术创新能力和水平。自主创新是企业实现可持续发展的根本途径，也是企业提高产品和服务技术含量与附加值的重要手段。通过自主创新，企业能够不断推出具有自主知识产权的新产品、新技术，满足市场不断变化的需求，赢得客户的青睐和信任。

2. 市场竞争

在全球化浪潮中，市场竞争如同一场没有硝烟的战争，愈演愈烈。每一个企业都在这场战争中寻找生存和发展的空间，试图通过各种方式提高自身的市场竞争力。这其中，提升产品质量和服务水平以及拓宽市场渠道，无疑是企业取得成功的关键所在。

（1）市场拓展。在全球化的背景下，市场已经不再局限于某一地区或国家，而是拓展到了全球各地。因此，企业需要积极开拓新市场和新渠道，以扩大自身的市场覆盖面和提高市场份额。这包括但不限于进军新兴市场，与跨国企业建立合作关系，利用电子商务平台进行线上销售等。通过不断拓展市场，企业可以接触到更多的潜在客户，增加销售额和利润，提高市场竞争力。

（2）品牌建设。品牌是企业形象的重要载体，也是消费者选择产品时的重要参考因素。一个知名品牌往往能够吸引更多的消费者，提高产品的附加值和竞争力。因此，企业需要加强品牌建设，提高品牌知名度和美誉度。这可以通过多种途径实现，如加大广告宣传力度，提高产品质量和服务水平，积极参与公益活动提升品牌形象等。通过品牌建设，企业可以增强品牌的市场竞争力和影响力，从而在激烈的市场竞争中脱颖而出。

3. 管理竞争

在全球化的广阔背景下，管理竞争正逐渐进入白热化阶段。面对来自全球各地的强大对手，企业若想保持其竞争优势，就必须在管理水平和管理效率上不断寻求突破。这不仅仅是一个简单的口号，而是需要企业从多个维度进行深入剖析和改革，以优化其组织结构和管理流程，从而真正提高管理竞争力。

（1）管理创新。创新是推动企业发展的永恒动力。在管理领域，这意味着企业必须摒弃过时的、不科学的管理理念和方法，勇于引入那些已被验证为先进的、高效的现代管理理念和管理技术。比如，引入敏捷管理，使企业能够更快速地响应市场变化；或者引入精益管理，通过消除浪费、提高效率，来增强企业的核心竞争力。这些管理创新不仅能够帮助企业提升管理水平和管理效率，更能使其在管理竞争中脱颖而出。

（2）管理信息化。在数字化时代，信息技术已经成为推动企业管理升级的重要工具。通过引入信息化管理工具和系统，企业可以实现管理过程的数字化和智能化，从而提高管理效率和管理水平。比如，通过引入 ERP 系统，企业可以实现对生产、销售、财务等各个环节的实时监控和数据分析，从而更准确地把握市场动态，制定更有效的经营策略。此外，大数据、云计算、人工智能等先进技术也为企业提供了更多可能，帮助企业实现更精细化的管理，提升管理竞争力。

第二节　数字经济对产业转型升级的影响

一、数字经济对产业结构优化的影响

（一）推动新兴产业的发展

数字经济通过技术创新和商业模式变革，推动了新兴产业的发展，如电子商务、数字金融、智能制造等。通过数字技术的应用，企业可以快速进入新兴市场，拓宽业务范围，提升市场竞争力。例如，电子商务平台的兴起，打破了传统商业模式的限制，为企业提供了新的销售渠道和市场空间。

1．电子商务

电子商务是数字经济的重要组成部分。通过电子商务平台，企业可以实现在线销售、采购、支付和物流管理，提升运营效率和客户满意度。例如，淘宝和天猫平台通过数据驱动和智能化应用，实现了购物体验的提升和市场份额的增加。

2．数字金融

数字金融是数字经济的另一个重要领域。通过大数据分析和人工智能技术，金融机构可以提供更加精准和个性化的金融服务，提升风险管理能力和客户体验。例如，支付宝平台通过数据分析和智能化风控，实现了金融服务的普惠化和高效化。

3．智能制造

智能制造是数字经济推动传统制造业转型升级的重要方向。通过物联网、云计算、大数据等技术，企业可以实现生产过程的自动化和智能化，提高生产效率和产品质量。例如，数字化企业平台通过数字化技术，实现了生产设备和系统的互联互通和智能化管理。

（二）促进传统产业的转型升级

数字经济通过技术创新和商业模式变革，推动了传统产业的转型升级。通过数字技术的应用，传统企业可以提高生产效率、降低成本、提升产品质量和附加值，实现产业结构的优化和升级。

1．农业

数字技术在农业中的应用，推动了智慧农业的发展。通过物联网、传感器、大数据分析等技术，农业生产可以实现精准管理和高效运作。例如，通过土壤传感器和气象数据分析，农民可以科学施肥、灌溉，提高作物产量和品质，减少资源浪费。

2. 制造业

在制造业中，数字化技术的应用使得智能制造成为可能。通过引入工业互联网、云计算和大数据分析，制造企业可以实现全产业链的数字化管理，提升生产效率和产品质量。例如，通过智能制造系统，企业可以实现生产过程的实时监控和优化，提高生产的灵活性和响应速度。

3. 服务业

在服务业中，数字化技术的应用提升了服务效率和客户体验。通过引入人工智能和大数据分析，服务企业可以实现服务流程的优化和个性化定制。例如，通过客户数据分析，企业可以提供更加精准和个性化的服务，提高客户满意度和忠诚度。

（三）优化产业链和价值链

数字经济通过数据驱动和智能化应用，优化了产业链和价值链，实现了资源的高效配置和价值的最大化。通过数字化平台，企业可以实现供应链的高效管理和优化，提高供应链的透明度和协同效率。

1. 供应链管理

数字化供应链管理系统可以通过实时数据采集和分析，实现供应链各环节的精准管理和优化。企业可以通过供应链管理系统，实时监控库存、生产、物流等环节，提升供应链的运营效率和响应速度。例如，通过引入 RFID 技术和大数据分析，企业可以实现供应链的全程跟踪和优化，提高供应链的透明度和协同效率。

2. 价值链提升

数字技术通过优化价值链各环节，提高了产品和服务的附加值。通过数据分析和智能化应用，企业可以实现价值链各环节的精准管理和优化，提高价值链的整体效益。例如，通过大数据分析和人工智能技术，企业可以实现市场需求的精准预测和产品设计的个性化定制，提升产品的市场竞争力和附加值。

二、数字经济对技术水平提升的影响

（一）推动技术创新

数字经济通过大数据、人工智能、物联网等新兴技术的应用，推动了企业技术创新的进程。通过对海量数据的分析和挖掘，企业可以发现潜在的市场需求和技术创新的机会，提升技术创新的效率和效果。

1．大数据技术

大数据技术通过对海量数据的存储、处理和分析，为企业提供了强大的数据支持和决策依据。企业可以通过大数据技术，深入分析市场趋势、客户行为和竞争态势，发现技术创新的机会和方向。例如，通过大数据分析，企业可以发现产品设计和功能上的改进空间，提高产品的市场竞争力。

2．人工智能技术

人工智能技术通过机器学习、深度学习等算法，实现了企业生产、管理和服务的智能化。企业可以通过人工智能技术，提升技术创新的效率和效果。例如，通过引入人工智能技术，企业可以实现生产过程的智能化控制和优化，提高生产效率和产品质量。

3．物联网技术

物联网技术通过设备和系统的互联互通，实现了企业生产和管理的智能化。企业可以通过物联网技术，实现生产设备和系统的实时监控和管理，提高生产效率和管理水平。例如，通过引入物联网技术，企业可以实现设备的远程监控和故障预警，提高设备的利用率和运行效率。

（二）提高研发效率

数字经济通过数字化平台和工具，提高了企业的研发效率。通过数字化平台，企业可以实现研发资源的高效配置和管理，提升研发过程的透明度和协同效率。

1．数字化研发平台

数字化研发平台通过数据共享和协同管理，实现了研发过程的高效运作和优化。企业可以通过数字化研发平台，实时监控研发进度和资源使用情况，提升研发效率和效果。例如，通过引入数字化研发平台，企业可以实现研发项目的实时跟踪和管理，提高研发效率和资源利用率。

2．虚拟仿真技术

虚拟仿真技术通过计算机模拟和仿真，实现了产品设计和测试的虚拟化。企业可以通过虚拟仿真技术，进行产品设计和功能测试，提升研发效率和效果。例如，通过引入虚拟仿真技术，企业可以在产品研发初期进行虚拟测试和优化，减少实际测试和修改的成本和时间。

3．开放式创新平台

开放式创新平台通过开放资源和技术，实现了创新资源的共享和协同。企业可以通过开放式创新平台，与外部科研机构和创新团队合作，提高技术创新能力和水平。例如，通过引入开放式创新平台，企业可以共享和利用外部的创新资源和技术，提高研发效率和技术创新能力。

（三）促进技术成果转化

数字经济通过智能化应用和网络化连接，促进了技术成果的转化和应用。通过数字化平台，企业可以实现技术成果的快速推广和应用，提升技术成果的商业价值。

1．技术市场

数字经济通过技术市场平台，实现了技术成果的交易和转化。企业可以通过技术市场平台，快速推广和应用技术成果，提高技术创新的商业价值。例如，技术市场平台可以通过在线展示和交易技术成果，促进技术供需双方的对接和合作，提升技术成果的转化效率和应用效果。

2．产业孵化

数字经济通过产业孵化平台，支持技术成果的商业化应用和产业化发展。

企业可以通过产业孵化平台，获得技术支持、资金支持和市场资源，加速技术成果的转化和应用。例如，孵化器和加速器可以为初创企业提供技术指导、融资渠道和市场推广支持，推动技术成果的快速产业化。

3. 合作创新

数字经济通过合作创新平台，促进企业与科研机构、高校的合作，实现技术成果的联合开发和转化。企业可以通过合作创新平台，开展技术合作和联合研发，提升技术创新能力和水平。例如，通过与科研机构和高校合作，企业可以利用先进的科研资源和技术，实现技术成果的快速转化和应用。

三、数字经济对组织形式创新的影响

（一）促进扁平化管理

数字经济通过数字化平台和工具，促进了企业组织结构的扁平化管理。通过数字化平台，企业可以实现信息的快速传递和决策的高效执行，减少管理层级，提升管理效率。

1. 信息共享

通过数字化平台，企业可以实现信息的实时共享和传递，减少信息传递的层级和时间，提高信息传递的效率和准确性。例如，通过企业内部的协同办公平台，员工可以实时共享工作信息和数据，提高工作效率和团队协同能力。

2. 决策优化

通过数字化工具，企业可以实现决策过程的优化和高效执行。管理层可以通过实时获取和分析数据，快速作出科学决策，提升决策的效率和效果。例如，通过引入大数据分析和人工智能技术，企业可以实现实时数据分析和智能决策，提高管理效率和决策水平。

3. 流程简化

通过数字化管理工具，企业可以简化管理流程，减少管理层级，提高管理效率。例如，通过引入企业资源计划系统，企业可以实现生产、销售、采购、财务等环节的集成管理，提高管理效率和运营效率。

（二）推动智能制造

数字经济通过智能制造技术的应用，推动了企业生产方式的创新和管理模式的变革。通过智能制造技术，企业可以实现生产过程的自动化和智能化管理，提升生产效率和产品质量。

1. 自动化生产

通过引入自动化设备和系统，企业可以实现生产过程的自动化和智能化，提高生产效率和产品质量。例如，通过引入工业机器人和自动化生产线，企业可以实现生产过程的高度自动化，减少人工干预，提高生产效率和产品质量。

2. 智能化控制

通过引入智能制造系统，企业可以实现生产过程的智能化控制和优化，提高生产效率和产品质量。例如，通过引入物联网技术和大数据分析，企业可以实现生产设备和系统的实时监控和优化，提高生产效率和产品质量。

3. 柔性生产

通过引入智能制造技术，企业可以实现生产过程的柔性化和定制化，提高生产的灵活性和响应速度。例如，通过引入柔性制造系统，企业可以根据市场需求的变化，快速调整生产计划和生产流程，提高生产的灵活性和响应速度。

（三）实现精益生产

数字经济通过数据驱动和智能化应用，推动了企业精益生产的实现。通过对生产数据的实时采集和分析，企业可以发现生产过程中的浪费和问题，优化生产流程，提高生产效率和资源利用率。

1. 数据采集

通过引入物联网技术，企业可以实现生产过程的实时数据采集，提高数据的准确性和实时性。例如，通过在生产设备和系统中安装传感器，企业可以实时采集生产过程中的数据，提高数据的准确性和实时性。

2. 数据分析

通过引入大数据分析技术，企业可以对生产数据进行深入分析，发现生产过程中的问题和优化机会，提高生产效率和资源利用率。例如，通过对生产数据的实时分析，企业可以发现生产过程中的瓶颈和浪费，及时采取措施进行优化，提高生产效率和资源利用率。

3. 流程优化

通过引入智能制造技术，企业可以实现生产流程的智能化优化，提高生产效率和产品质量。例如，通过引入智能制造系统，企业可以对生产流程进行实时监控和优化，提高生产效率和产品质量。

四、数字经济对产业生态系统完善的影响

（一）构建开放的数字平台

数字经济通过构建开放的数字平台，实现了资源的共享和协同，促进了企业间的合作和共赢。通过数字化平台，企业可以实现信息的快速传递和资源的高效配置，提高产业链的协同效率和竞争力。

1. 资源共享

通过数字化平台，企业可以实现技术、人才、市场等资源的共享，提高资源的利用效率和配置效率。例如，通过建立开放的技术共享平台，企业可以共享和利用外部的技术资源，提高技术创新能力和水平。

2. 协同创新

通过数字化平台，企业可以与外部科研机构、高校和其他企业开展协同创新，提升技术创新能力和水平。例如，通过建立开放的创新平台，企业可以与外部科研机构和高校合作，开展联合研发和技术攻关，提高技术创新能力和水平。

3. 市场对接

通过数字化平台，企业可以实现市场信息的实时获取和对接，提高市场决策的科学性和准确性。例如，通过建立开放的市场信息平台，企业可以实时获取

市场动态和竞争对手的信息，制定科学的市场策略，提高市场竞争力。

（二）优化市场环境

数字经济通过数字化技术和平台的应用，优化了市场环境，提高了市场的透明度和公平性。通过数字化平台，企业可以实现市场信息的实时获取和分析，提升市场决策的科学性和准确性。

1. 市场监管

通过数字化技术，政府可以实现市场的实时监管，提高市场的透明度和公平性。例如，通过引入大数据分析和区块链技术，政府可以实时监控市场动态和企业行为，及时发现和纠正市场中的不公平和违法行为，提高市场的透明度和公平性。

2. 政策支持

通过数字化平台，政府可以实时获取和分析市场信息，制定和实施有针对性的产业政策，为企业的转型升级提供支持和保障。例如，通过建立数字化政策支持平台，政府可以实时获取和分析市场动态和企业需求，制定和实施有针对性的产业政策，提升政策的执行效率和效果。

3. 金融支持

通过数字化平台，金融机构可以实现对企业的精准支持和服务，提升金融支持的效率和效果。例如，通过建立数字化金融支持平台，金融机构可以实时获取和分析企业的财务数据和市场动态，为企业提供精准的融资服务和金融支持，提升金融支持的效率和效果。

（三）促进政策支持

数字经济通过数字化平台和工具，促进了政策的制定和实施，提升了政策的执行效率和效果。通过数字化平台，政府可以实现对产业发展的实时监控和管理，及时发现和解决问题，优化政策支持和服务。

1. 政策制定

通过数字化平台，政府可以实时获取和分析市场信息和企业需求，制定科学合理的产业政策，提高政策的针对性和有效性。例如，通过建立数字化政策制定平台，政府可以实时获取和分析市场动态和企业需求，制定科学合理的产业政策，提高政策的针对性和有效性。

2. 政策实施

通过数字化平台，政府可以实时监控政策的执行情况，提升政策的执行效率和效果。例如，通过建立数字化政策实施平台，政府可以实时监控政策的执行情况，及时发现和解决政策执行中的问题，提升政策的执行效率和效果。

3. 政策评估

通过数字化平台，政府可以实时评估政策的实施效果，及时调整和优化政策，提升政策的执行效果。例如，通过建立数字化政策评估平台，政府可以实时评估政策的实施效果，及时调整和优化政策，提升政策的执行效果。

五、数字经济对市场拓展的影响

（一）拓展市场渠道

数字经济通过电子商务平台和社交媒体，实现了市场渠道的多元化和拓展。通过数字化平台，企业可以实现线上和线下的融合，拓展市场覆盖面，提高市场竞争力。

1. 线上销售

通过电子商务平台，企业可以实现产品的在线销售，拓展市场覆盖面，提高销售额和市场份额。例如，通过引入电子商务平台，企业可以实现产品的在线销售和推广，拓展市场覆盖面，提高销售额和市场份额。

2. 社交媒体营销

通过社交媒体平台，企业可以实现产品的精准营销和推广，提高市场竞争力和客户忠诚度。例如，通过引入社交媒体平台，企业可以实现产品的精准营销和推广，提高市场竞争力和客户忠诚度。

3. 全渠道营销

通过全渠道营销策略，企业可以实现线上和线下的融合，拓宽市场覆盖面和增强市场渗透力。例如，通过引入全渠道营销策略，企业可以实现线上和线下的融合，拓宽市场覆盖面和增强市场渗透力。全渠道营销不仅包括传统的线下零售渠道，还包括电子商务、社交媒体和移动应用等数字化渠道，通过多渠道的整合和协同，提高企业的市场竞争力和客户覆盖面。

（二）提升客户体验

数字经济通过智能化应用和个性化服务，提升了客户体验和满意度。通过数字化平台，企业可以实现客户需求的精准把握和个性化服务的提供，提高客户满意度和忠诚度。

1. 个性化推荐

通过大数据分析和人工智能技术，企业可以实现个性化推荐，为客户提供更加精准和个性化的产品和服务。例如，通过引入个性化推荐系统，企业可以根据客户的行为和偏好，推荐个性化的产品和服务，提高客户满意度和购买率。

2. 智能客服

通过引入智能客服系统，企业可以提供 7 天 ×24 小时的在线客服服务，提高客户服务的效率和满意度。例如，通过引入智能客服机器人，企业可以快速响应客户的咨询和问题，提高客户服务的效率和满意度。

3. 客户关系管理

通过数字化客户关系管理系统，企业可以实现客户数据的实时采集和分析，精准把握客户需求，提供个性化的服务和体验。例如，通过引入客户关系管理系统，企业可以实时获取和分析客户的数据和行为，制定个性化的服务策略，提高客户满意度和忠诚度。

（三）增强市场响应能力

数字经济通过数据驱动和智能化应用，增强了企业的市场响应能力。通过数字化平台，企业可以实现市场信息的实时获取和分析，快速响应市场变化和需求，提高市场竞争力。

1．实时数据分析

通过引入大数据分析技术，企业可以实现市场数据的实时采集和分析，快速把握市场动态和趋势。例如，通过引入大数据分析平台，企业可以实时获取和分析市场数据，快速发现市场机会和风险，提高市场响应能力。

2．快速决策

通过引入智能化决策支持系统，企业可以实现快速决策和高效执行，提高市场响应速度和决策质量。例如，通过引入智能化决策支持系统，企业可以快速分析市场数据，制定科学的市场策略，提高决策效率和决策质量。

3．灵活生产

通过引入智能制造技术，企业可以实现生产过程的灵活调整和优化，快速响应市场需求变化。例如，通过引入智能制造系统，企业可以根据市场需求的变化，快速调整生产计划和生产流程，提高生产的灵活性和响应速度。

六、数字经济对企业管理的影响

（一）提高管理效率

数字经济通过数字化平台和工具，提高了企业管理的效率。通过数字化平台，企业可以实现信息的快速传递和管理的高效执行，减少管理层级，提高管理效率。

1．信息集成

通过引入企业资源计划系统，企业可以实现生产、销售、采购、财务等各个环节的信息集成，提高管理效率和运营效率。例如，通过引入企业资源计划系统，企业可以实现各个环节的数据集成和共享，提高信息传递的效率和准确性。

2．流程自动化

通过引入自动化管理工具，企业可以实现管理流程的自动化，提高管理效率和管理水平。例如，通过引入流程自动化工具，企业可以实现审批流程、报表生成等管理流程的自动化，提高管理效率和管理水平。

3. 实时监控

通过引入实时监控系统，企业可以实现生产过程和管理过程的实时监控和管理，提高管理效率和管理水平。例如，通过引入实时监控系统，企业可以实时监控生产设备和系统的运行状态，及时发现和解决问题，提高管理效率和管理水平。

（二）优化管理模式

数字经济通过智能化应用和网络化连接，优化了企业的管理模式。通过数字化平台，企业可以实现管理模式的创新和优化，提高管理效率，获取良好效果。

1. 扁平化管理

通过引入数字化管理工具，企业可以实现组织结构的扁平化管理，提高管理效率和决策水平。例如，通过引入协同办公平台，企业可以实现信息的实时传递和决策的高效执行，减少管理层级，提高管理效率和决策水平。

2. 智能化管理

通过引入智能化管理工具，企业可以实现管理过程的智能化，提高管理效率和管理水平。例如，通过引入智能化管理系统，企业可以实现生产、销售、采购等环节的智能化管理，提高管理效率和管理水平。

3. 柔性管理

通过引入数字化管理工具，企业可以实现管理过程的柔性化和灵活化，提高管理效率和管理水平。例如，通过引入数字化管理系统，企业可以根据市场和生产的变化，灵活调整管理策略和流程，提高管理效率和管理水平。

（三）实现数据驱动管理

数字经济通过数据驱动和智能化应用，实现了企业的数字化管理和决策。通过数字化平台，企业可以实现数据的实时采集、存储、分析和应用，提高管理决策的科学性和准确性。

1. 数据采集

通过引入物联网技术，企业可以实现生产过程和管理过程的数据实时采集，提高数据的准确性和实时性。例如，通过在生产设备和系统中安装传感器，企业可以实时采集生产过程中的数据，提高数据的准确性和实时性。

2. 数据分析

通过引入大数据分析技术，企业可以对生产数据和管理数据进行深入分析，发现问题和优化机会，提高管理效率，获取良好效果。例如，通过引入大数据分析平台，企业可以对生产数据进行实时分析，发现生产过程中的瓶颈和问题，及时采取措施进行优化，提高管理效率，获取良好效果。

3. 智能决策

通过引入智能决策支持系统，企业可以实现数据驱动的智能决策，提高决策的科学性和准确性。例如，通过引入智能决策支持系统，企业可以实时分析市场数据和生产数据，制定科学的决策策略，提高决策的效率，获取良好效果。

七、数字经济对企业战略的影响

（一）推动技术创新战略

数字经济通过大数据、人工智能、物联网等新兴技术的应用，推动了企业技术创新战略的实施。通过技术创新，企业可以提升产品质量和附加值，提高市场竞争力和品牌影响力。

1. 核心技术研发

通过引入大数据和人工智能技术，企业可以专注于核心技术的研发和创新，提高产品和服务的技术含量和附加值。例如，通过引入大数据分析平台，企业可以进行市场需求和技术趋势的分析，制订核心技术研发计划，提高技术创新能力和水平。

2. 技术合作

通过建立开放的技术合作平台，企业可以与外部科研机构、高校和其他企业开展技术合作，提升技术创新能力和水平。例如，通过与外部科研机构和高校合作，企业可以利用先进的科研资源和技术，进行联合研发和技术攻关，提高技术创新能力和水平。

3. 技术应用

通过引入智能制造和物联网技术，企业可以实现技术成果的快速应用和转化，提高技术创新的商业价值和市场竞争力。例如，通过引入智能制造系统，企业可以实现生产过程的智能化和自动化，提高生产效率和产品质量。

（二）优化市场拓展战略

数字经济通过电子商务平台和社交媒体，优化了企业的市场拓展战略。通过数字化平台，企业可以实现线上和线下的融合，拓宽市场覆盖面，提高市场竞争力。

1. 线上线下融合

通过引入电子商务平台和社交媒体，企业可以实现线上和线下的市场拓展，提升市场覆盖面和市场渗透力。例如，通过引入电子商务平台，企业可以实现产品的在线销售和推广，拓宽市场覆盖面，提高销售额，扩大市场份额。

2. 精准营销

通过引入大数据分析和人工智能技术，企业可以实现精准营销，提升市场的效率和效果。例如，通过引入大数据分析平台，企业可以进行客户行为和市场需求的分析，制定精准的营销策略，提高市场竞争力和客户满意度。

3. 国际市场拓展

通过引入跨境电子商务平台，企业可以实现国际市场的拓展，提高产品和服务的国际市场竞争力。例如，通过引入跨境电子商务平台，企业可以实现产品的全球销售和推广，扩大国际市场份额和提高品牌影响力。

（三）实现数据驱动战略

数字经济通过数据驱动和智能化应用，实现了企业的数据驱动战略。通过数字化平台，企业可以实现数据的实时采集、存储、分析和应用，提高数据在战略决策中的作用和价值。

1. 实时数据采集

通过引入物联网技术，企业可以实现生产过程和管理过程的数据实时采集，提高数据的准确性和实时性。例如，通过在生产设备和系统中安装传感器，企业可以实时采集生产过程中的数据，提高数据的准确性和实时性。

2. 大数据分析

通过引入大数据分析技术，企业可以对生产数据和管理数据进行深入分析，发现问题和优化机会，提升管理效率和效果。例如，通过引入大数据分析平台，企业可以对市场数据和生产数据进行实时分析，发现市场趋势和生产瓶颈，制定科学的决策，提升管理效率，获取良好效果。

3. 智能化应用

通过引入智能化数据应用工具，企业可以将数据转化为有价值的商业洞察，提高决策的科学性和业务运作的效率。例如，通过引入智能化数据应用工具，企业可以对市场数据进行实时分析，预测市场趋势和客户需求，制定科学的市场策略，提高市场竞争力和客户满意度。

八、数字经济对企业战略管理的影响

（一）强化战略规划

数字经济通过数据驱动和智能化应用，强化了企业的战略规划能力。通过数字化平台，企业可以实现战略数据的实时采集和分析，提高战略规划的科学性和前瞻性。

1. 数据驱动战略

通过引入大数据分析平台，企业可以进行市场趋势和竞争态势的分析，制订科学的战略规划，提高战略决策的科学性和准确性。例如，通过引入大数据分析平台，企业可以实时获取和分析市场数据，制订科学的市场战略和发展规划。

2. 智能化战略工具

通过引入智能化战略工具，企业可以实现战略规划的智能化管理和优化，提升战略规划的效率和效果。例如，通过引入智能化战略工具，企业可以进行战略模拟和预测，提高战略规划的前瞻性和可行性。

3. 实时战略调整

通过引入实时战略管理系统，企业可以实现战略的实时监控和调整，提高战略管理的灵活性和响应速度。例如，通过引入实时战略管理系统，企业可以实时监控战略执行情况，及时发现和解决战略实施中的问题，提高战略管理的灵活性和响应速度。

（二）提升执行能力

数字经济通过智能化管理工具和平台，提升了企业的战略执行能力。通过数字化平台，企业可以实现战略执行的高效管理和优化，提升战略执行的效率，获取良好效果。

1. 智能化执行工具

通过引入智能化执行工具，企业可以实现战略执行的高效管理和优化，提升战略执行的效率和效果。例如，通过引入智能化执行工具，企业可以实时监控和管理战略执行情况，提升战略执行的效率，获取良好效果。

2. 绩效管理

通过引入数字化绩效管理系统，企业可以实现战略执行的绩效监控和评估，提高战略执行的效果和效率。例如，通过引入绩效管理系统，企业可以实时监控和评估战略执行的绩效，及时发现和解决战略执行中的问题，提升战略执行的效率，获取良好效果。

3. 流程优化

通过引入流程优化工具，企业可以实现战略执行流程的优化和高效管理，提升战略执行的效率和效果。例如，通过引入流程优化工具，企业可以对战略执行流程进行实时监控和优化，提升战略执行的效率，获取良好效果。

九、数字经济对人才培养的影响

（一）推动数字化人才培养

数字经济通过数字化平台和技术应用，推动了企业数字化人才的培养。通过数字化平台，企业可以实现人才的高效培训和管理，提高员工的技术水平和创新能力。

1. 在线培训

通过引入在线培训平台，企业可以实现员工的在线学习和培训，提升培训的效率和效果。例如，通过引入在线培训平台，企业可以为员工提供丰富的学习资源和课程，提高员工的技术水平和创新能力。

2. 技能提升

通过引入智能化培训工具，企业可以实现员工技能的精准提升，提高员工的技术水平和创新能力。例如，通过引入智能化培训工具，企业可以根据员工的需求和能力，提供个性化的培训课程和学习计划，提高员工的技术水平和创新能力。

3. 人才管理

通过引入数字化人才管理系统，企业可以实现人才的高效管理和发展，提高人才的利用效率和配置效率。例如，通过引入数字化人才管理系统，企业可以实现人才的实时管理和发展，制订科学的人才发展计划，提高人才的利用效率和配置效率。

（二）促进跨界人才培养

数字经济通过技术和平台的融合，促进了跨界人才的培养。通过数字化平台，企业可以实现跨界人才的培养和发展，提升员工的综合能力和创新能力。

1. 跨界培训

通过引入跨界培训平台，企业可以实现跨领域的人才培养，提高员工的综合能力和创新能力。例如，通过引入跨界培训平台，企业可以为员工提供跨领域的培训课程和学习资源，提高员工的综合能力和创新能力。

2. 多元化发展

通过引入多元化培训工具，企业可以实现员工多领域的能力发展，提高员工的综合素质和创新能力。例如，通过引入多元化培训工具，企业可以根据员工的需求和兴趣，提供多领域的培训课程和学习计划，提高员工的综合素质和创新能力。

3. 跨界合作

通过引入跨界合作平台，企业可以实现跨领域的合作和创新，提高员工的综合能力和创新能力。例如，通过引入跨界合作平台，企业可以与外部科研机构和高校合作，开展跨领域的联合研发和技术攻关，提高员工的综合能力和创新能力。

第五章

产业数字化转型的机制分析

第一节　业务流程向集成价值链转型

一、集成价值链概述

（一）集成价值链转型的背景

业务流程向集成价值链转型是产业数字化转型的重要内容。随着数字技术的迅猛发展，传统的业务流程模式已不能满足企业快速响应市场需求和提升竞争力的要求。集成价值链转型旨在通过数字化手段，实现各业务环节的无缝衔接和协同优化，提升整体运营效率和市场竞争力。

（二）集成价值链的内涵

1．集成价值链的定义

集成价值链是指通过信息技术和管理创新，实现企业内部各个业务环节和外部合作伙伴之间的无缝衔接和协同合作，形成高效、敏捷、可持续的运营体系。集成价值链的目标是最大化资源利用效率、优化业务流程、提高产品和服务质量，从而提升企业的市场竞争力和客户满意度。

2. 集成价值链的特征

集成价值链具有以下几个主要特征。

（1）信息透明化。集成价值链通过信息技术，实现企业内部和外部合作伙伴之间的信息透明化和实时共享。例如，通过应用物联网技术，企业可以实时监控生产设备和物料，实现生产过程的透明化和信息共享。

（2）流程自动化。集成价值链通过自动化技术，实现业务流程的自动化和智能化，提高生产效率和管理效率。

（3）协同合作化。集成价值链通过构建开放、共享的协同平台，实现企业内部各部门和外部合作伙伴之间的协同合作，提升整体运营效率，获取良好效果。

（4）客户导向化。集成价值链以客户需求为导向，通过大数据分析和人工智能技术，深入了解客户需求和行为，提供个性化、高质量的产品和服务，提升客户满意度和忠诚度。

（三）集成价值链转型的主要内容

1. 数字化流程再造

数字化流程再造是集成价值链转型的核心内容。通过数字化手段，对现有业务流程进行重新设计和优化，实现流程的自动化和智能化，提升整体运营效率，获取良好效果。具体内容包括以下几个方面。

（1）流程优化。对现有的业务流程进行详细分析，找出其中的瓶颈和冗余环节，通过数字化手段进行优化和重组。例如，通过应用智能制造系统和物联网技术，优化生产流程，实现生产过程的自动化和智能化，提升生产效率，获取良好产品质量。

（2）系统集成。将企业内部的各个业务系统进行集成，实现数据的无缝流动和共享。例如，通过应用企业资源计划系统，将生产、采购、销售、物流等业务系统集成起来，实现各业务环节的无缝衔接和协同优化，提升整体运营效率，获取良好效果。

（3）实时监控和反馈。通过数字化手段实现业务流程的实时监控和反馈，及时发现和解决问题。例如，通过应用物联网技术和大数据分析技术，对生产设备和生产过程进行实时监控和反馈，优化生产流程和资源配置，提升生产效率和产品质量。

2. 数据驱动的决策支持

数据驱动的决策支持是集成价值链转型的重要内容。通过大数据技术，对业务流程中的数据进行实时采集、分析和挖掘，为决策提供科学依据和支持。具体内容包括以下几个方面。

（1）数据采集。通过数字化手段对业务流程中的数据进行实时采集，确保数据的完整性和准确性。例如，通过应用物联网技术，对生产设备和生产过程中的数据进行实时采集，确保数据的完整性和准确性。

（2）数据分析。通过大数据分析技术对采集到的数据进行深入分析，找出其中的规律和趋势，为决策提供科学依据。例如，通过应用大数据分析技术，对市场需求、生产计划、库存管理等数据进行深入分析，找出其中的规律和趋势，为决策提供科学依据。

（3）决策支持。通过大数据分析技术和人工智能技术，为企业的决策提供科学依据和支持。例如，通过应用大数据分析技术和人工智能技术，对业务流程中的数据进行深入分析，找出其中的规律和趋势，为企业的决策提供科学依据和支持，优化决策流程和资源配置。

3. 跨部门协同优化

跨部门协同优化是集成价值链转型的关键内容。通过数字化手段，实现企业内部各部门之间的协同优化，提升整体运营效率和效果。具体内容包括以下几个方面。

（1）信息共享。通过数字化手段实现各部门之间的信息共享，确保各部门之间的信息透明化和实时共享。例如，通过应用协同办公系统，实现各部门之间的信息共享，确保各部门之间的信息透明化和实时共享。

（2）协同工作。通过数字化手段实现各部门之间的协同工作，提升整体运营效率和效果。例如，通过应用协同办公系统，实现各部门之间的协同工作，优化业务流程和资源配置，提升整体运营效率，取得良好效果。

（3）流程优化。对跨部门的业务流程进行优化，确保各部门之间的无缝衔接和协同优化。例如，通过应用企业资源计划系统，对跨部门的业务流程进行优化，确保各部门之间的无缝衔接和协同优化，提升整体运营效率，取得良好效果。

4. 智能化生产管理

智能化生产管理是集成价值链转型的重要内容。通过物联网和人工智能技术，实现生产流程的智能化管理和控制，提高生产效率和产品质量。具体内容包括以下几个方面。

（1）实时监控。通过物联网技术对生产设备和生产过程进行实时监控，确保生产过程的透明化和实时控制。

（2）智能控制。通过人工智能技术实现生产过程的智能控制，优化生产流程和资源配置，提升生产效率和产品质量。

（3）预测维护。通过物联网技术和大数据分析技术对生产设备进行预测维护，确保设备的高效运行和生产过程的连续性。

5. 灵活的供应链管理

灵活的供应链管理是集成价值链转型的关键内容之一。通过应用供应链管理系统和大数据分析技术，实现供应链的实时监控和优化，提升供应链的灵活性和响应速度。具体内容包括以下几个方面。

（1）实时监控。通过数字化手段对供应链各环节进行实时监控，确保供应链的透明化和实时控制。

（2）供应链优化。通过大数据分析技术对供应链各环节进行深入分析，找出其中的规律和趋势，优化供应链管理流程和策略。

（3）协同管理。通过数字化手段实现供应链各环节的协同管理，提升供应链的整体效率，取得良好效果。

6. 客户关系管理

客户关系管理是集成价值链转型的重要内容之一。通过应用客户关系管理系统和大数据分析技术，实现客户关系的精细化管理和个性化服务，提升客户满意度和忠诚度。具体内容包括以下几个方面。

（1）客户数据采集。通过数字化手段对客户数据进行实时采集，确保客户数据的完整性和准确性。

（2）客户数据分析。通过大数据分析技术对客户数据进行深入分析，找出客户行为和偏好的规律和趋势，为客户服务提供科学依据和支持。

（3）个性化服务。通过大数据分析技术和人工智能技术，为客户提供个性化的产品和服务，提升客户满意度和忠诚度。例如，企业通过应用智能客服系统，为客户提供 7 天 ×24 小时的在线支持和个性化服务，及时解决客户问题，提升客户体验和满意度。

7. 供应商关系管理

供应商关系管理是集成价值链转型的重要内容之一。通过应用供应商关系管理系统和大数据分析技术，实现供应商关系的精细化管理和协同合作，提升供应商管理效率和供应链的整体效率。具体内容包括以下几个方面。

（1）供应商数据采集。通过数字化手段对供应商数据进行实时采集，确保供应商数据的完整性和准确性。

（2）供应商数据分析。通过大数据分析技术对供应商数据进行深入分析，找出供应商的绩效规律和潜在风险，为供应商管理提供科学依据和支持。

（3）协同合作。通过数字化手段实现与供应商的协同合作，提升供应链的透明度和协同效率。

二、集成价值链的先进性

集成价值链转型不仅是对传统业务流程的优化和提升，更是一种全新的业务管理模式，具有显著的先进性。集成价值链的先进性主要体现在以下几个方面。

（一）实时数据驱动

集成价值链通过实时数据驱动，实现了业务流程的智能化和自动化。实时数据驱动使得企业能够及时获取和分析业务流程中的各类数据，快速发现和解决问题，提升运营效率和决策效果。例如，企业通过应用物联网技术和大数据分析技术，对生产设备和生产过程进行实时监控和分析，实现生产过程的智能化和自动化，提高生产效率和产品质量。

（二）全面集成

集成价值链实现了企业内部各业务环节和外部合作伙伴之间的全面集成，确保数据的无缝流动和共享。全面集成使得企业能够优化资源配置和业务流程，提升整体运营效率和效果。例如，企业通过应用企业资源计划系统和供应链管理系统，实现生产、采购、销售、物流等业务环节的全面集成和协同优化，提升整体运营效率，取得良好效果。

（三）协同创新

集成价值链通过构建开放、共享的协同平台，实现企业内部和外部合作伙伴之间的协同创新。协同创新使得企业能够充分利用内部和外部的创新资源，推动技术创新和业务模式创新，提升企业的创新能力和市场竞争力。例如，企业通过开放应用程序编程接口（Application Programming Interface，API）和数据接口，与合作伙伴和开发者共享信息和资源，实现协同创新，推动技术创新和业务模式创新，提升企业的创新能力和市场竞争力。

（四）以客户需求为导向

集成价值链以客户需求为导向，通过大数据分析和人工智能技术，深入了解客户需求和行为，提供个性化、高质量的产品和服务，提升客户满意度和忠诚度。客户导向使得企业能够快速响应市场需求和变化，提升市场竞争力和用户体验。例如，企业通过应用客户关系管理系统和大数据分析技术，对客户行为和偏好进行深入分析，制定个性化的客户服务策略，提升客户满意度和忠诚度。

（五）可持续发展

集成价值链通过优化资源配置和业务流程，推动企业的可持续发展。可持续发展使得企业能够减少资源浪费和环境污染，实现绿色发展和可持续发展。例如，企业通过应用智能制造系统和物联网技术，对生产设备和生产过程进行实时监控和智能控制，优化生产流程和资源配置，减少能源消耗和环境污染，推动企业的绿色发展和可持续发展。

三、集成价值链转型的主要挑战

（一）技术复杂性

集成价值链转型涉及多个技术领域的综合应用，如大数据、云计算、物联网和人工智能等，技术复杂性较高。企业在实施集成价值链转型过程中，需要应对技术整合和系统集成的挑战，确保各技术环节的无缝衔接和协同优化。例如，企业在应用智能制造系统和物联网技术时，需要解决不同系统之间的数据兼容性和接口标准问题，确保数据的实时传输和共享。

1. 技术整合

企业需要将不同的数字化技术和系统进行整合，确保各系统之间的无缝衔接和协同优化。例如，企业需要将企业资源计划系统、客户关系管理系统、供应链管理系统和智能制造系统进行整合，实现数据的无缝流动和共享，提升整体运营效率，获取良好效果。

2. 系统集成

企业需要解决不同系统之间的数据兼容性和接口标准问题，确保数据的实时传输和共享。例如，企业在应用物联网技术和大数据分析技术时，需要确保不同系统之间的数据兼容性和接口标准，确保数据的实时传输和共享。

（二）数据安全和隐私保护

在集成价值链转型的过程中，大量数据的采集、传输、存储和处理涉及数据安全与隐私保护问题。企业需要建立健全的数据安全管理体系和隐私保护机制，确保数据的安全性和合法性。

1. 数据加密

企业需要对数据进行加密处理，确保数据在传输和存储过程中的安全性。例如，企业在应用大数据分析技术时，需要对数据进行加密处理，防止数据泄露和非法访问。

2. 隐私保护

企业需要遵守相关法律法规，保护用户的隐私权。例如，企业在采集和处理客户数据时，需要遵守《中华人民共和国个人信息保护法》等法律法规，保护用户的隐私权，确保数据的合法性和合规性。

3. 数据安全管理

企业需要建立健全数据安全管理体系，确保数据的安全性和合法性。例如，企业需要制定数据安全管理制度，明确数据的采集、传输、存储和处理流程，确保数据的安全性和合法性。

（三）组织变革和文化转型

集成价值链转型不仅涉及技术层面的变革，还涉及组织变革和文化转型。企业需要在组织结构、管理模式和企业文化等方面进行调整，以适应集成价值链转型的要求。

1. 组织结构调整

企业需要调整组织结构，减少管理层级，提高决策效率和响应速度。例如，企业在实施扁平化管理和协同办公系统时，需要减少中间管理层级，提高组织的灵活性和响应速度，提升决策效率和执行力。

2. 管理模式变革

企业需要改变传统的管理模式，采用数据驱动的管理方式和协同合作的工作模式。例如，企业在实施集成价值链转型时，需要采用数据驱动的决策支持系统和协同办公系统，优化管理模式和工作流程，提升整体运营效率，取得良好效果。

3. 企业文化转型

企业需要培养员工的协同合作和创新意识，形成开放、共享的企业文化。例如，企业在实施集成价值链转型时，需要通过培训和宣传，培养员工的协同合作和创新意识，形成开放、共享的企业文化，提升整体运营效率，取得良好效果。

（四）供应链协同和风险管理

集成价值链转型需要实现供应链的协同优化和风险管理。企业在供应链管理过程中，需要应对供应链各环节的复杂性和不确定性，确保供应链的高效运行和风险控制。

1. 供应链协同

企业需要通过数字化手段实现供应链各环节的协同管理，提升供应链的整体效率和效果。例如，企业通过应用供应链管理系统，实现供应链各环节的实时监控和协同管理，优化供应链管理流程和策略，提升供应链的整体效率，取得良好效果。

2. 风险管理

企业需要对供应链各环节的风险进行实时监控和分析，制订应急预案和风险管理策略，确保供应链的稳定性和可靠性。

第二节　产品理念向个性化转型

一、个性化产品理念概述

（一）产品理念个性化转型的背景

随着全球化和互联网的发展，消费者对产品和服务的需求变得越来越多样化与个性化。传统的大规模生产和标准化产品模式已不能满足市场的多样化需求，企业需要通过产品理念的个性化转型来提升竞争力和客户满意度。个性化转型旨在通过数字化手段，深入了解和满足客户的个性化需求，提供定制化、高质量的产品和服务，增强市场竞争力和客户忠诚度。

（二）个性化产品理念的内涵

1. 个性化设计

个性化设计是产品理念向个性化转型的核心内容。通过数字化技术，企业能够根据客户的个性化需求和偏好，进行产品设计和开发，提供符合客户需求的个性化产品。例如，家居行业通过应用3D建模和虚拟现实技术，提供个性化的家居设计方案，让客户在购买前能够预览和调整自己的家居布置，提升用户体验和满意度。

2. 定制化生产

定制化生产是产品理念向个性化转型的重要内容。通过智能制造技术和柔性生产线，企业能够实现小批量、多品种的定制化生产，快速响应客户的个性化需求。例如，服装行业通过应用智能裁剪和3D打印技术，实现服装的定制化生产，为客户提供量身定制的服装产品，提升用户满意度和品牌忠诚度。

3. 精准营销

精准营销是产品理念向个性化转型的关键内容。通过大数据和人工智能技术，企业能够深入分析客户行为和偏好，制定个性化的营销策略，提升营销效果和用户满意度。例如，电子商务平台通过应用大数据分析和推荐算法，为客户提供个性化的产品推荐和营销活动，提升用户体验和购买转化率。

4. 个性化服务

个性化服务是产品理念向个性化转型的重要内容。通过数字化手段，企业能够为客户提供个性化的售前、售中和售后服务，提升客户满意度和忠诚度。

（三）个性化产品理念的主要内容

1. 个性化设计

个性化设计是实现产品理念向个性化转型的基础。通过应用数字化设计工具和技术，企业能够根据客户的个性化需求和偏好，进行产品设计和开发，提供符合客户需求的个性化产品。

（1）数字化设计工具。企业可以应用计算机辅助设计软件和3D建模技术，进行产品的数字化设计和仿真。例如，家具制造企业通过应用计算机辅助设计软件和3D建模技术，设计出符合客户个性化需求的家具产品，并通过虚拟现实技术让客户预览和调整设计方案，提升用户体验和满意度。

（2）客户参与设计。企业可以通过数字化平台，让客户参与到产品设计过程中，收集客户的需求和意见，进行个性化设计。例如，汽车制造企业通过在线定制平台，让客户选择车辆的颜色、内饰和配置，参与到车辆的个性化设计过程中，提升客户的参与感和满意度。

2．定制化生产

定制化生产是实现产品理念向个性化转型的关键。通过应用智能制造技术和柔性生产线，企业能够实现小批量、多品种的定制化生产，快速响应客户的个性化需求。

（1）智能制造技术。企业可以应用智能制造系统和自动化生产线，实现产品的定制化生产。例如，电子产品制造企业通过应用智能制造系统，实现小批量、多品种的电子产品定制化生产，快速响应客户的个性化需求，提升生产效率和产品质量。

（2）柔性生产线。企业可以通过柔性生产线，实现生产设备和生产流程的快速调整和切换，满足不同客户的个性化需求。例如，鞋类制造企业通过应用柔性生产线，实现鞋类产品的个性化生产，根据客户的需求和偏好快速调整生产流程，提升生产效率和产品质量。

3．精准营销

精准营销是实现产品理念向个性化转型的重要手段。通过应用大数据和人工智能技术，企业能够深入分析客户行为和偏好，制定个性化的营销策略，提升营销效果和用户满意度。

（1）大数据分析。企业可以通过大数据分析技术，深入分析客户的购买行为和偏好，制定个性化的营销策略，提升客户体验和购买转化率。

（2）人工智能推荐。企业可以通过应用人工智能推荐算法，为客户提供个性化的产品推荐和营销活动。例如，电子商务平台通过应用人工智能推荐算法，根据客户的浏览记录和购买历史，推荐符合客户需求和偏好的产品和服务。

4. 个性化服务

个性化服务是实现产品理念向个性化转型的重要内容。通过应用智能客服系统和客户关系管理系统，企业能够为客户提供个性化的售前、售中和售后服务，提升客户满意度和忠诚度。

（1）智能客服系统。企业可以通过应用智能客服系统，为客户提供实时在线支持和个性化服务。例如，电信企业通过应用智能客服系统，为客户提供个性化的咨询和服务，及时解决客户问题，提升客户体验和满意度。

（2）客户关系管理系统。企业可以通过应用客户关系管理系统，管理和分析客户数据，提供个性化的客户服务和支持。例如，金融机构通过应用客户关系管理系统，分析客户的财务状况和投资偏好，提供个性化的理财建议和服务，提升客户满意度和忠诚度。

二、个性化产品理念的先进性

个性化产品理念不仅是对传统产品理念的优化和提升，更是一种全新的产品开发和服务模式，具有显著的先进性。个性化产品理念的先进性主要体现在以下几个方面。

（一）数字化驱动

个性化产品理念通过数字化技术的应用，实现了产品设计、生产和服务的全面数字化和智能化。数字化驱动使得企业能够快速响应市场需求和变化，提供个性化、高质量的产品和服务。

（二）精准定位

个性化产品理念通过大数据和人工智能技术，能够精准定位客户需求和偏好，提供定制化的产品和服务。精准定位使得企业能够深入了解客户需求和行为，提供符合客户需求的个性化产品和服务，提升客户满意度和忠诚度。

（三）高效生产

个性化产品理念通过智能制造技术和柔性生产线，实现了高效的定制化生产。高效生产使得企业能够快速响应客户的个性化需求，提供高质量的定制化产品，提升生产效率和产品质量。

（四）个性化服务

个性化产品理念通过智能客服系统和客户关系管理系统，能够为客户提供个性化的售前、售中和售后服务。个性化服务使得企业能够及时响应客户需求，提供高质量的客户服务，提升客户满意度和忠诚度。

（五）灵活响应

个性化产品理念通过数字化技术的应用，实现了产品开发、生产和服务的灵活响应。灵活响应使得企业能够快速调整和优化产品设计、生产和服务流程，快速响应市场需求和变化，提升市场竞争力和用户体验。

三、个性化产品理念的效果和意义

（一）提升用户体验

个性化产品理念可以显著提升用户体验。通过提供个性化、高质量的产品和服务，企业能够满足消费者的个性化需求和偏好，提升用户的满意度和忠诚度。

（二）提高市场竞争力

个性化产品理念可以显著提高企业的市场竞争力。通过提供个性化、高质量的产品和服务，企业能够在激烈的市场竞争中脱颖而出，提升市场份额和品牌影响力。

（三）促进创新发展

个性化产品理念可以促进企业的创新发展。通过数字化手段，企业能够不断进行产品设计、生产和服务的创新，提升创新能力和市场竞争力。

（四）推动可持续发展

个性化产品理念可以推动企业的可持续发展。通过定制化生产和精准营销，企业能够优化资源配置和利用，减少资源浪费和环境污染，推动企业的绿色发展和可持续发展。

（五）数据驱动的精细化管理

个性化产品理念通过大数据和人工智能技术，实现了业务流程和客户关系的精细化管理。数据驱动的精细化管理使得企业能够深入了解客户需求和行为，优化业务流程和资源配置，提升整体运营效率和效果。

（六）实现业务模式的创新

个性化产品理念推动了业务模式的创新。通过数字化技术和个性化服务，企业能够创新业务模式，拓展新的市场空间和盈利模式。

第三节　思维模式向互联网思维转型

一、互联网思维概述

（一）互联网思维的内涵

互联网思维是指在互联网环境下，企业通过运用互联网技术和思维方式，创新商业模式和管理方式，实现业务的数字化和智能化。互联网思维的主要特点包括用户至上、开放共享、快速迭代和数据驱动等。

1. 用户至上

用户至上是互联网思维的核心理念。在互联网环境下，用户需求和体验成为企业经营与发展的出发点及落脚点。企业通过运用大数据和人工智能技术，可以深入了解用户需求和行为，提供个性化、高质量的产品和服务，提升用户体验和满意度。

2. 开放共享

开放共享是互联网思维的重要特点。在互联网环境下，企业通过构建开放、共享的数字平台，实现资源的高效配置和共享。企业通过开放 API 和数据接口，可以吸引合作伙伴和开发者参与，共同推动业务的创新和发展，提升平台的创新能力和用户体验。

3. 快速迭代

快速迭代是互联网思维的关键特点。在互联网环境下，企业通过运用敏捷开发和快速迭代的方法，可以不断进行产品和服务的优化与迭代升级，快速响应市场需求和变化，提升产品质量和用户体验，增强市场竞争力。

4. 数据驱动

数据驱动是互联网思维的重要特征。在互联网环境下，企业通过运用大数据和人工智能等新型技术，对业务过程中的数据进行实时采集、分析和挖掘，为决策提供科学依据和支持。企业通过数据驱动的决策支持，优化业务流程和资源配置，提升运营效率和效果。

（二）互联网思维对产业转型的影响

1. 推动商业模式创新

互联网思维推动了商业模式的创新。通过运用互联网技术和思维方式，企业能够创新商业模式，实现业务的数字化和智能化。例如，电子商务平台通过构建开放、共享的数字平台，连接供需双方，实现资源的高效配置和共享，推动了商业模式的创新和发展。

2. 提升用户体验

互联网思维提升了用户体验。通过用户至上的理念，企业能够深入了解用户需求和行为，提供个性化、高质量的产品和服务，提升用户体验和满意度。

3. 优化运营管理

互联网思维优化了企业的运营管理。通过数据驱动的决策支持，企业能够对业务过程中的数据进行实时采集、分析和挖掘，优化业务流程和资源配置，提升运营效率和效果。

4. 提高市场竞争力

互联网思维提高了企业的市场竞争力。通过快速迭代的方法，企业能够不断进行产品和服务的优化和升级，快速响应市场需求和变化，提升产品质量和用户体验，提高市场竞争力。

（三）互联网思维的主要内容

1. 用户至上

（1）用户需求分析。企业通过大数据和人工智能技术，可以对用户的需求和行为进行深入分析，了解用户的偏好和期望，为用户提供个性化的产品推荐和服务。

（2）用户体验优化。企业通过持续优化用户体验，不断优化产品和服务的界面与功能，提高用户的使用体验和满意度。

（3）个性化服务。企业通过大数据和人工智能技术，可以为用户提供个性化的服务，提升用户体验和满意度。

2. 开放共享

（1）开放平台构建。企业通过构建开放的数字平台，吸引合作伙伴和开发者参与，共同推动业务的创新和发展。

（2）资源共享。企业通过开放数据和资源，实现资源的高效配置和共享。

（3）生态系统建设。企业通过构建开放、共享的生态系统，吸引合作伙伴和开发者参与，共同推动业务的创新和发展，提升平台的创新能力和用户体验。

3. 快速迭代

（1）敏捷开发。企业通过采用敏捷开发方法，不断进行产品和服务的优化与升级，快速响应市场需求和变化。

（2）快速迭代。企业通过快速迭代的方法，不断进行产品和服务的优化与升级，提升产品质量和用户体验。

（3）用户反馈循环。企业通过建立用户反馈循环机制，及时获取用户的反馈和意见，提升用户体验和满意度。

4．数据驱动

（1）数据采集。企业通过数字化手段对业务过程中的数据进行实时采集，确保数据的完整性和准确性。

（2）数据分析。企业通过大数据分析等新型技术对采集到的数据进行深入分析，找出其中的规律和趋势，为决策提供科学依据。

（3）决策支持。企业通过大数据分析和人工智能等新型技术，对业务流程中的数据进行深入分析，进而为企业的决策提供科学依据和支持，优化决策流程和资源配置。

二、互联网思维的先进性

互联网思维不仅是对传统思维模式的优化和提升，更是一种全新的商业思维方式，具有显著的先进性。互联网思维的先进性主要体现在以下几个方面。

（一）以用户为中心

互联网思维的核心是用户至上，强调用户需求和体验在企业经营与发展中的重要性。以用户为中心使得企业能够深入了解用户需求和行为，如通过应用大数据和人工智能技术，为用户提供个性化、高质量的产品和服务，提升用户体验和满意度。

（二）开放创新

互联网思维强调开放创新。开放创新使得企业能够充分利用内部和外部的创新资源，推动技术创新和业务模式创新，提升企业的创新能力和市场竞争力。

（三）快速迭代

互联网思维强调快速迭代，通过敏捷开发和快速迭代的方法，不断进行产品和服务的优化与升级，快速响应市场需求和变化，提升市场竞争力和用户体验。

（四）数据驱动

互联网思维强调数据驱动，通过大数据和人工智能等新型技术，企业得以对业务过程中的数据进行实时采集、分析和挖掘，为决策提供科学依据和支持。数据驱动使得企业能够优化业务流程和资源配置，提升运营效率和效果。

（五）跨界融合

互联网思维强调跨界融合，通过跨行业的合作和整合，推动业务的创新和发展。跨界融合使得企业能够打破行业边界，实现资源的高效配置和共享，提升整体运营效率和效果。例如，互联网企业通过与传统制造业的合作，推动智能制造和工业互联网的发展，实现业务的跨界融合和创新发展。

（六）平台思维

互联网思维强调平台思维，通过构建开放、共享的数字平台，实现资源的高效配置和共享。平台思维使得企业能够吸引合作伙伴和开发者参与，共同推动业务的创新和发展，提升平台的创新能力和用户体验。例如，电子商务平台通过构建开放的生态系统，吸引商家和开发者参与，共同推动业务的创新和发展，提升平台的创新能力和用户体验。

（七）去中心化

互联网思维强调去中心化，通过构建开放、透明的组织结构，提升组织的灵活性和响应速度。去中心化使得企业能够减少管理层级，提高决策效率和执行力，提升整体运营效率和效果。

（八）社会化营销

互联网思维强调社会化营销，通过社交媒体和网络社区进行品牌推广与用户互动。社会化营销使得企业能够与用户建立紧密的联系，提升品牌知名度和用户忠诚度。例如，企业通过社交媒体平台与用户互动，发布品牌内容和营销活动，提升品牌知名度和用户忠诚度。

第四节　组织结构向平台化转型

一、平台化组织结构概述

（一）平台化组织结构的内涵

平台化组织结构是指企业通过构建开放、共享的组织平台，实现资源的高效配置和共享，推动业务的数字化和智能化。平台化组织结构的主要特点包括扁平化管理、开放协同、数据驱动和灵活敏捷等。

1．扁平化管理

扁平化管理是平台化组织结构的核心特点。通过减少中间管理层级，企业能够提高决策效率和响应速度，提升组织的灵活性和适应性。

2．开放协同

开放协同是平台化组织结构的重要特点。通过构建开放、共享的组织平台，企业能够实现内部各部门和外部合作伙伴之间的协同合作，提升整体运营效率和效果。例如，企业通过应用协同办公系统，实现各部门之间的信息共享和协同工作，优化业务流程和资源配置。

3．数据驱动

数据驱动是平台化组织结构的重要特征。通过运用大数据和人工智能等新型技术，企业能够对业务过程中的数据进行实时采集、分析和挖掘，为决策提供科学依据和支持。例如，企业通过应用大数据分析技术，对市场需求、生产计划、库存管理等数据进行实时分析，优化决策流程和资源配置。

4. 灵活敏捷

灵活敏捷是平台化组织结构的关键特点。通过构建扁平化的组织平台，企业能够快速响应市场需求和变化，提升组织的敏捷性和适应性。

（二）平台化组织结构的主要内容

1. 扁平化管理

（1）减少管理层级。企业通过实施扁平化管理，能够减少中间管理层级，提高决策效率和执行力。

（2）赋权团队。企业通过赋权团队，让团队能够自主决策和执行，可以提高团队的灵活性和响应速度。

（3）优化决策流程。企业通过优化决策流程，可以提高决策效率和响应速度。

2. 开放协同

（1）信息共享。企业通过构建开放的组织平台，实现各部门之间的信息共享，提升协同效率和效果。

（2）跨部门协同。企业通过构建开放的组织平台，实现企业各部门之间的跨部门协同，同样可以提升整体运营效率和效果。例如，企业通过应用协同办公系统，实现各部门之间的跨部门协同，优化业务流程和资源配置，提升整体运营效率和效果。

（3）外部合作。企业通过构建开放的组织平台，实现与外部合作伙伴之间的协同合作，提升整体运营效率和效果。例如，企业通过应用开放平台，与外部合作伙伴共享信息和资源，实现协同合作，提升整体运营效率和效果。

3. 数据驱动

（1）数据采集。企业通过数字化手段对业务过程中的数据进行实时采集，确保数据的完整性和准确性。

（2）数据分析。企业通过大数据分析技术对采集到的数据进行深入分析，找出其中的规律和趋势，为决策提供科学依据。

（3）决策支持。企业通过大数据分析和人工智能等新型技术，为企业的决策提供科学依据和支持。

4．灵活敏捷

（1）敏捷开发。企业通过采用敏捷开发方法，不断进行产品和服务的优化与升级，快速响应市场需求和变化。

（2）快速迭代。企业通过快速迭代的方法，不断进行产品和服务的优化与升级，提升产品质量和用户体验。

（3）灵活响应。企业通过构建灵活的组织平台，快速响应市场需求和变化，提升组织的灵活性和适应性。

二、平台化组织结构的先进性

平台化组织结构不仅是对传统组织结构的优化和提升，更是一种全新的组织管理模式，具有显著的先进性。平台化组织结构的先进性除了能实现扁平化管理、开放协同、数据驱动、灵活敏捷外，还体现在以下几个方面。

（一）协同创新

平台化组织结构通过协同创新，实现了企业内部和外部合作伙伴之间的协同合作，推动了技术创新和业务模式创新。

（1）内部协同。通过构建开放的组织平台，企业实现了内部各部门之间的协同创新，推动了技术创新和业务模式创新。

（2）外部协同。通过构建开放的组织平台，企业实现了与外部合作伙伴之间的协同创新。

（3）生态系统建设。通过构建开放、共享的生态系统，企业能够吸引合作伙伴和开发者参与，共同提升平台的创新能力和用户体验。

（二）以用户为中心

平台化组织结构通过用户中心的管理方式，使得企业能够深入了解用户需求和行为，提供个性化、高质量的产品和服务，提升用户体验和满意度。具体包括用户需求分析、用户体验优化和个性化服务。

（三）可持续发展

平台化组织结构通过优化资源配置和业务流程，推动企业的可持续发展。

（1）资源优化。通过数据驱动的管理方式，企业能够优化资源配置，提升资源利用效率，减少浪费和成本。

（2）绿色生产。通过智能制造技术和物联网技术，企业能够实现生产过程的智能化和绿色化，减少能源消耗和环境污染。

（3）社会责任。通过平台化组织结构，企业能够更好地履行社会责任，实现经济效益和社会效益的统一。

第六章

我国产业数字化转型的现实思考

第一节　我国产业数字化转型的发展现状

一、国家高度重视，数字化转型发展处于政策红利期

近年来，我国高度重视产业数字化转型的发展，出台了一系列政策文件，为数字化转型提供了强有力的政策支持。这些政策文件明确了数字化转型的战略定位、发展目标和具体措施，推动各行业加快数字化转型步伐。

（一）政策文件和规划

在国家层面，《中华人民共和国国民经济和社会发展第十四个五年规划和2035年远景目标纲要》明确提出要加快数字经济发展，推动产业数字化转型。具体措施包括推动新一代信息技术与制造业深度融合，发展智能制造和服务型制造，培育发展新产业、新业态、新模式，构建现代化产业体系。同时，各地政府

还出台了与“新型基础设施建设行动计划”“促进新一代人工智能产业发展行动计划”“加快推动工业互联网创新发展的指导意见”相关的政策文件，为各行业的数字化转型提供指导和支持。

（二）资金投入和财政支持

为了推动数字化转型，政府加大了财政支持力度，设立专项资金和基金，支持企业在数字化转型中的技术研发和应用推广。例如，国家发展和改革委员会设立了数字经济发展基金，用于支持数字技术创新和产业化应用。地方政府也通过设立数字经济专项资金，支持本地企业的数字化转型项目。同时，通过税收优惠政策，如研发费用加计扣除、固定资产加速折旧等，减轻企业的资金压力，鼓励企业加大数字化转型的投入。

（三）营商环境优化

政府在优化营商环境方面也作出了大量努力，简化行政审批流程，降低企业办事成本，为企业数字化转型创造了良好的外部环境。例如，推进“互联网+政务服务”，实现政务服务事项在线办理，提升政务服务效率和透明度。同时，通过建立企业信用信息共享平台，完善社会信用体系，营造公平、透明的市场环境，增强企业数字化转型的信心和动力。

（四）数字基础设施建设

政府大力推动数字基础设施建设，加快5G网络、数据中心、工业互联网等新型基础设施的布局，为数字化转型提供坚实的硬件支撑。特别是5G网络的全面部署，为各行业提供了高速、低延时、广连接的通信环境，推动了物联网、云计算、人工智能等技术在各行业的应用落地。此外，通过建设智能化的公共数据平台，推动数据资源的整合和共享，提高数据利用效率，为数字化转型提供丰富的数据资源。

二、产业数字化转型深入推进，细分领域形成中国特色

在国家政策支持和市场需求的双重驱动下，我国产业数字化转型取得了显

著成效，形成了具有中国特色的数字化转型路径。

（一）农业数字化转型

农业是我国的重要基础产业，数字化转型在推动农业现代化方面发挥了重要作用。

1. 智慧农业系统

通过物联网、云计算、大数据等技术，构建智慧农业系统，实现农田环境的实时监测和精细化管理。例如，利用传感器采集土壤湿度、温度、光照等数据，结合气象数据和作物生长模型，智能控制灌溉、施肥和病虫害防治，提高农业生产效率和农产品质量。

2. 农产品溯源系统

通过区块链技术，构建农产品溯源系统，实现农产品生产、加工、流通全过程的可追溯，提升农产品的质量和安全性。例如，在农产品生产过程中，通过区块链技术记录每一个环节的信息，包括种植、施肥、收割、加工、运输等，消费者可以通过扫描二维码，查看农产品的详细信息，增强消费者的信任感和购买意愿。

3. 农业电商平台

通过电子商务平台，推动农产品的在线销售，拓宽农产品的销售渠道，提升农民收入水平。例如，通过农业电商平台，将优质农产品直接销售给消费者，减少中间环节，降低销售成本，提高农民收入。

（二）制造业数字化转型

制造业是我国经济的支柱产业，数字化转型在提升制造业竞争力方面发挥了重要作用。

1. 工业互联网平台

通过工业互联网平台，实现生产设备和生产流程的实时监控和智能调度，提高生产效率和产品质量。例如，通过工业互联网平台，采集生产设备的运行数据，进行实时分析和故障预测，提前进行设备维护，减少故障停机，提高生产效率和产品质量。

2. 智能制造系统

通过智能制造系统，实现生产流程的自动化和智能化，提高生产效率和产品质量。例如，利用机器人、自动化生产线、智能仓储等技术，构建智能制造系统，减少人工干预，提高生产效率和精度。智能制造系统不仅能够提高生产效率和产品质量，还能根据市场需求的变化，快速调整生产计划，实现柔性化生产。

3. 数字化设计与仿真

通过数字化设计与仿真技术，提高产品设计效率和精度，缩短产品开发周期。例如，利用计算机辅助设计（Computer Aided Design，CAD）和计算机辅助制造（Computer Aided Manufacturing，CAM）技术，进行产品的数字化设计和仿真测试，优化产品设计，提高产品性能，减少研发成本。

4. 供应链管理

通过供应链管理系统，实现供应链的数字化和智能化，提高供应链的效率和透明度。例如，通过供应链管理系统，实时监控供应链的各个环节，包括采购、生产、物流、销售等，优化资源配置，降低库存成本，提高供应链的响应速度和灵活性。

（三）服务业数字化转型

服务业是我国经济的重要组成部分，数字化转型在提升服务质量和效率方面发挥了重要作用。

1. 电子商务平台

电子商务平台通过连接生产者和消费者，实现商品和服务的在线交易，推动了消费模式的转变和商业模式的创新。例如，电子商务平台通过大数据分析，精准匹配消费者需求，提高销售效率和客户满意度。同时，通过直播电商、社交电商等新兴模式，提升消费者参与度和购物体验，推动消费增长。

2. 智慧物流

通过智慧物流系统，实现物流过程的数字化和智能化，提高物流效率和服务质量。例如，通过物联网技术，实时监控物流车辆和货物的位置、状态等信息，优化物流路径，减少运输时间和成本，提高物流效率和服务质量。

3. 在线教育

通过在线教育平台，实现教育资源的数字化和共享，提升教育质量和普及程度。例如，通过在线教育平台，学生可以随时随地学习优质课程，打破时间和地域的限制，提升学习效果和效率。同时，通过人工智能技术，提供个性化的学习方案和智能辅导，提升教育质量。

4. 智慧医疗

通过智慧医疗系统，实现医疗服务的数字化和智能化，提高医疗效率和服务质量。例如，通过远程医疗系统，患者可以在线咨询医生，减少就诊时间和成本，提高医疗服务的可及性和便捷性。同时，通过电子病历系统，提升医疗数据的管理和利用效率，提高医疗质量和安全性。

（四）新兴产业的数字化创新

数字经济催生了一批新兴产业和新业态，拓宽了经济发展的新空间。

1. 数字文化产业

通过数字技术的应用，推动文化产业的数字化创新，提升文化产品的创作和传播效率。例如，通过虚拟现实（Virtual Reality，VR）和增强现实（Augmented Reality，AR）技术，打造沉浸式的文化体验，提升文化产品的吸引力和传播效果。同时，通过数字版权管理和区块链技术，保护文化产品的知识产权，促进文化产业的健康发展。

2. 智能家居

通过物联网和人工智能技术，实现家居设备的智能化和互联互通，提升家庭生活的智能化和便捷性。例如，通过智能音箱、智能门锁、智能照明等设备，用户可以通过语音或手机控制家居设备，实现智能化的家庭生活，提高生活质量和舒适度。

3. 智能交通

通过智能交通系统，实现交通管理的数字化和智能化，提高交通效率和安全性。例如，通过智能交通信号系统，实时监控交通流量和车辆状态，优化交通信号控制，减少交通拥堵，提高交通效率。同时，通过车联网技术，提升车辆的智能化和自动化水平，提高交通安全性。

4. 绿色能源

通过数字技术的应用，推动能源产业的数字化和智能化，实现能源的高效利用和可持续发展。例如，通过智能电网系统，实时监控和优化能源的生产、传输和消费，提高能源利用效率，减少能源浪费。同时，通过区块链技术，推动绿色能源的交易和认证，促进绿色能源的发展和应用。

第二节　我国产业数字化转型的主要问题

一、国内多数产业数字化转型还依赖单一的技术路径

（一）单一技术路径的现状分析

尽管我国产业数字化转型在各个行业中取得了显著进展，但大多数产业仍然依赖单一的技术路径。

1. 技术选择的局限性

许多企业在数字化转型过程中，集中选择了某一种或几种主流的数字技术进行应用，如大数据、云计算等，而忽略了其他新兴技术的潜力。例如，一些企业过于依赖云计算平台，而在边缘计算、区块链等技术应用方面投入不足，导致技术体系单一，缺乏多样化的技术储备。

2. 技术应用的单一性

一些企业在数字化转型过程中，仅在某一业务环节或领域应用数字技术，未能实现全流程、全链条的数字化。例如，制造企业可能仅在生产环节应用工业

互联网技术，而忽略了在供应链管理、产品设计等环节的数字化应用，导致整体转型效果不佳。

3. 技术创新的不足

由于过度依赖单一的技术路径，一些企业在技术创新方面缺乏动力和能力，未能及时跟进技术的发展趋势和市场需求的变化，导致技术应用的滞后性。例如，传统零售企业在面对电子商务的冲击时，未能及时进行数字化转型和创新，导致市场竞争力下降。

（二）单一技术路径带来的问题

单一技术路径的依赖，给我国产业数字化转型带来了诸多问题和挑战。

1. 灵活性和适应性不足

单一技术路径的依赖，使得企业在面对快速变化的市场需求和技术迭代时，缺乏灵活性和适应性。例如，在面对突发的市场需求变化时，企业无法迅速调整生产和供应链管理，导致市场响应速度慢，错失商机。

2. 技术风险的集中化

过度依赖单一技术路径，导致技术风险集中化。一旦某一种技术出现问题或不再适应市场需求，企业将面临巨大的风险和损失。例如，如果企业过于依赖某一云计算平台，当该平台出现故障或服务中断时，企业的业务将受到严重影响。

3. 创新能力的制约

单一技术路径的依赖，限制了企业的创新能力和创新空间。企业在技术选择和应用上缺乏多样性，导致创新资源和能力无法充分发挥。例如，在新兴技术如人工智能、区块链等方面，企业未能及时进行布局和投入，错失了技术创新的机会。

（三）多样化技术路径的必要性

推动多样化技术路径的应用，是解决单一技术路径依赖问题的关键。

1. 提升灵活性和适应性

多样化技术路径的应用，能够提升企业在面对市场变化和技术迭代时的灵活性和适应性。企业可以根据不同的业务需求和市场环境，灵活选择和组合不同的技术，快速调整和优化业务流程，提高市场响应速度。

2. 分散技术风险

通过多样化技术路径，企业可以分散技术风险，避免技术风险的集中化。一旦某一种技术出现问题，企业可以迅速切换到其他替代技术，减少业务中断和损失。例如，在云计算和边缘计算的结合应用中，当云计算平台出现故障时，边缘计算可以继续保证业务的正常运行。

3. 激发创新能力

多样化技术路径的应用，能够激发企业的创新能力和创新空间。企业在技术选择和应用上更加多样化，可以充分发挥不同技术的优势，推动技术创新和业务创新。例如，在人工智能和物联网的结合应用中，企业可以探索新的商业模式和服务模式，提升市场竞争力。

二、核心技术能力不足，整体技术架构迭代有待加强

（一）核心技术能力不足的现状分析

尽管我国产业数字化转型取得了一定进展，但在核心技术方面仍然存在较大短板。

1. 关键核心技术自主可控能力不足

在芯片设计、操作系统、工业软件等关键核心技术领域，我国与国外先进水平相比仍存在一定差距。例如，在高性能计算芯片和人工智能芯片领域，国内企业的技术能力和市场份额仍有一定的上升空间。

2. 技术研发投入不足

相对于国外先进企业，我国企业在技术研发上的投入仍显不足。许多企业在数字化转型过程中，更多依赖引进和应用国外技术，而在自主研发和创新方面

投入不够，导致核心技术能力提升缓慢。

3. 技术人才短缺

核心技术能力的提升离不开高素质的技术人才。然而，我国在关键技术领域的人才培养和储备仍显不足，导致技术研发和创新能力受限。例如，在人工智能和大数据领域，国内高端技术人才的数量和质量难以满足快速发展的需求。

（二）核心技术能力不足带来的问题

核心技术能力不足，给我国产业数字化转型带来了诸多问题和挑战。

1. 自主创新能力受限

由于关键核心技术自主可控能力不足，我国企业在数字化转型过程中，更多依赖国外技术，导致自主创新能力受限。例如，在高端制造和智能制造领域，许多关键设备和软件依赖进口，限制了国内企业的自主创新和技术突破。

2. 技术安全风险增加

核心技术能力不足，使得企业在数字化转型过程中面临较大的技术安全风险。一旦关键技术和设备依赖进口，企业将面临技术封锁和供应链中断的风险，影响业务的连续性和安全性。

3. 国际竞争力不足

核心技术能力的不足，限制了我国企业在国际市场上的竞争力。特别是在高技术含量和高附加值的产品和服务领域，国内企业难以与国际领先企业竞争，市场份额和影响力受限。

（三）提升核心技术能力的必要性

提升核心技术能力，是推动产业数字化转型和提高国际竞争力的关键。

1. 增强自主创新能力

提升核心技术能力，能够增强企业的自主创新能力和技术突破能力。通过自主研发和技术创新，企业可以掌握关键核心技术，推动业务的持续创新和发展。例如，在高端制造和智能制造领域，通过自主研发高性能计算芯片和智能制造系统，企业可以提升生产效率和产品质量，提高市场竞争力。

2. 降低技术安全风险

提升核心技术能力，能够降低企业在数字化转型过程中的技术安全风险。通过掌握关键核心技术，企业可以减少对国外技术的依赖，提升技术自主可控能力，保障业务的连续性和安全性。

3. 提升国际竞争力

提升核心技术能力，能够提高企业在国际市场上的竞争力。通过掌握和应用先进的核心技术，企业可以推出高技术含量和高附加值的产品和服务，提升市场份额和品牌影响力。例如，在人工智能和大数据领域，通过自主研发和技术创新，企业可以推出具有国际竞争力的智能产品和解决方案，拓展国际市场。

三、新模式、新业态创新不足，数字化转型的创新能量有待释放

（一）新模式、新业态创新不足的现状分析

尽管我国产业数字化转型在推动传统产业升级方面发挥了重要作用，但新模式、新业态的创新力度仍显不足。

1. 创新动力不足

许多企业在数字化转型过程中，更多是对现有业务流程和管理模式进行数字化改造，缺乏颠覆性创新的动力和能力。例如，一些制造企业在进行数字化转型时，仅仅是将生产线进行自动化改造，而未能探索新的生产模式和商业模式，导致转型效果有限。

2. 创新资源不足

新模式、新业态的创新需要大量的资源投入，包括技术、资金和人才等方面的支持。然而，许多中小企业在数字化转型过程中，面临资源不足的问题，难以进行大规模的创新投入。例如，一些中小企业在面对数字化转型的高额成本时，往往选择保守的改造方案，缺乏大胆创新的勇气和能力。

3. 创新环境不足

新模式、新业态的创新需要良好的政策环境和市场环境。然而，当前我国在数字化转型的政策支持和市场环境方面仍存在一些不足，影响了企业的创新活力和创新效果。例如，一些地方政府在推进数字化转型过程中，缺乏系统性的政策支持和配套措施，导致企业在创新过程中面临诸多挑战和困难，创新环境亟待改善。

（二）新模式、新业态创新不足带来的问题

新模式、新业态创新不足，限制了我国产业数字化转型的潜力和效果。

1. 市场竞争力不足

缺乏新模式、新业态的创新，企业难以在激烈的市场竞争中脱颖而出。例如，在零售行业，未能及时转型为电子商务和新零售模式的企业，在面对线上销售和数字化运营的冲击时，市场份额和盈利能力显著下降。

2. 经济效益有限

单纯依靠现有业务流程的数字化改造，难以实现显著的经济效益提升。例如，一些制造企业虽然实现了生产线的自动化，但未能探索新的商业模式和服务模式，整体经济效益和盈利水平提升有限。

3. 创新能力受限

缺乏新模式、新业态的创新，企业的创新能力和创新活力受限，难以形成持续的创新驱动。例如，一些企业在数字化转型过程中，只进行了技术应用的改造，而未能在业务模式和管理模式上进行创新，导致创新效果有限。

（三）释放创新能量的必要性

释放数字化转型的创新能量，是推动产业升级和经济高质量发展的关键。

1. 提升市场竞争力

通过新模式、新业态的创新，企业可以提升市场竞争力，在激烈的市场竞争中脱颖而出。例如，通过探索新的商业模式和服务模式，企业可以推出差异化

的产品和服务，满足多样化的市场需求，提升市场份额和盈利能力。

2. 实现经济效益提升

通过新模式、新业态的创新，企业可以实现显著的经济效益提升。例如，通过数字化运营和智能化管理，企业可以优化资源配置和业务流程，提升生产效率和经营效益，增强盈利能力。

3. 增强创新能力

通过新模式、新业态的创新，企业可以增强创新能力和创新活力，形成持续的创新驱动。例如，通过构建开放的创新平台和合作生态，企业可以吸引更多的创新资源和人才，推动技术创新和业务创新，提升整体创新水平。

四、国内新型数字复合型人才缺乏，且人才需求持续扩大

（一）新型数字复合型人才缺乏的现状分析

数字化转型需要大量具备数字技能和行业知识的复合型人才。然而，当前我国在新型数字复合型人才方面存在严重短缺。

1. 人才培养体系不健全

目前，我国在数字化人才的培养方面尚不完善，特别是在高等教育和职业教育中，数字化课程设置和教学内容相对滞后。例如，一些高校和职业学校在数字化技术与应用方面的课程设置不足，难以满足企业对高素质数字化人才的需求。

2. 人才流动性大

数字化领域的人才流动性较大，特别是在大城市和发达地区，人才竞争激烈，企业难以稳定地吸引和留住高素质的数字化人才。例如，一些中小企业由于薪资待遇和发展空间有限，难以吸引和留住优秀的数字化人才，导致人才流失严重。

3. 人才供需失衡

随着数字化转型的深入推进，企业对数字化人才的需求不断增加，人才供需矛盾愈发突出。例如，在人工智能、大数据、云计算等新兴领域，高素质的技

术人才供不应求，导致企业在数字化转型过程中面临人才短缺的问题。

（二）数字复合型人才缺乏带来的问题

新型数字复合型人才的缺乏，严重制约了我国产业数字化转型的进程和效果。

1. 技术应用水平受限

由于数字化人才的缺乏，企业在数字技术应用和创新方面面临较大的挑战。例如，一些企业在实施数字化转型过程中，缺乏专业的技术团队和专家支持，导致技术应用效果不佳，转型进程缓慢。

2. 创新能力受限

数字化人才的缺乏，限制了企业的创新能力和创新水平。例如，一些企业在技术研发和应用创新方面，缺乏高素质的人才支持，难以进行技术突破和业务创新，导致创新能力受限。

3. 竞争力下降

由于数字化人才的缺乏，企业在市场竞争中处于劣势，难以提升市场竞争力。例如，一些企业在面对快速变化的市场环境和技术发展趋势时，缺乏足够的技术支持和创新能力，导致市场份额和盈利能力下降。

（三）培养和吸引数字复合型人才的必要性

培养和吸引新型数字复合型人才，是推动产业数字化转型和提高企业竞争力的关键。

1. 提升技术应用水平

通过培养和吸引高素质的数字化人才，企业可以提升数字技术的应用水平和效果。例如，通过引进和培养具备专业技能和行业知识的复合型人才，企业可以更好地实施数字化转型，提升技术应用水平和业务效率。

2. 增强创新能力

通过培养和吸引高素质的数字化人才，企业可以提升创新能力和创新水平。

例如，通过构建创新团队和研发平台，吸引和培养具备创新能力和技术背景的数字化人才，推动技术创新和业务创新，提升整体创新水平。

3. 提升市场竞争力

通过培养和吸引高素质的数字化人才，企业可以提升市场竞争力，在激烈的市场竞争中脱颖而出。例如，通过构建人才激励机制和职业发展平台，吸引和留住优秀的数字化人才，提升企业的技术水平和市场竞争力。

五、“数据孤岛”、数据开放、标准和安全问题亟待解决

（一）“数据孤岛”现象的现状分析

“数据孤岛”现象在我国各行业中普遍存在，主要体现在以下几个方面。

1. 数据互通不足

各行业和企业之间的数据互通互联不足，导致数据资源无法充分利用。例如，不同企业和部门之间的数据标准不统一、数据接口不兼容，导致数据共享和整合困难，形成“数据孤岛”。

2. 数据开放不足

各行业和企业在数据开放方面存在较多限制，数据资源无法充分共享和利用。例如，一些企业出于商业利益和数据安全考虑，限制数据的开放和共享，导致数据资源的利用效率低下。

3. 数据标准不统一

各行业和企业在数据标准方面缺乏统一规范，导致数据质量和数据兼容性问题。例如，不同企业和部门之间的数据格式、数据定义、数据接口等方面缺乏统一标准，导致数据交换和共享困难。

（二）“数据孤岛”现象带来的问题

“数据孤岛”现象严重制约了我国产业数字化转型的进程和效果，具体表现在以下几个方面。

1. 数据利用效率低下

由于“数据孤岛”现象的存在，各行业和企业之间的数据资源无法充分共享和利用，导致数据利用效率低下。例如，一些企业在进行数据分析和决策时，难以获取全局和完整的数据资源，影响数据分析的准确性和决策的科学性。

2. 协同创新能力受限

“数据孤岛”现象的存在，限制了企业之间的协同创新能力。例如，不同企业和部门之间的数据无法互通，导致协同研发和创新难以进行，影响整体创新水平和效果。

3. 数据安全风险增加

“数据孤岛”现象的存在，增加了数据安全风险。例如，由于数据分散在不同的企业和部门中，数据管理和保护难度增加，数据泄露和滥用的风险也相应增加。

（三）解决“数据孤岛”现象的必要性

解决“数据孤岛”现象，是推动产业数字化转型和提升数据利用效率的关键。

1. 提升数据利用效率

通过解决“数据孤岛”现象，实现数据的互通互联和共享利用，提升数据利用效率。例如，通过建立统一的数据标准和数据接口，实现不同企业和部门之间的数据交换和共享，提高数据分析的准确性和决策的科学性。

2. 增强协同创新能力

通过解决“数据孤岛”现象，推动企业之间的协同创新和合作。例如，通过构建开放的数据平台和创新生态，促进企业之间的数据共享和技术合作，推动协同研发和创新，提升整体创新水平。

3. 降低数据安全风险

通过解决“数据孤岛”现象，提升数据管理和保护水平，降低数据安全风险。例如，通过建立健全的数据安全保障体系，加强数据的统一管理和保护，防范数据泄露和滥用，确保数据的安全性和合规性。

（四）数据开放和标准化建设的现状分析

除了“数据孤岛”现象外，我国在数据开放和标准化建设方面也存在诸多问题。

1. 数据开放力度不足

各行业和企业在数据开放方面仍存在较多限制，数据资源的开放和共享程度不高。例如，部分政府和企业出于数据安全与隐私保护的考虑，对数据的开放和共享持谨慎态度，限制了数据资源的利用效率和创新应用。

2. 数据标准化建设滞后

各行业和企业在数据标准化建设方面进展缓慢，数据标准和规范缺乏统一性和系统性。例如，不同行业和部门的数据格式、数据定义、数据接口等方面存在较大差异，导致数据交换和共享困难，影响数据的利用效率和分析准确性。

（五）数据安全问题的现状分析

数据安全问题在产业数字化转型过程中尤为突出，主要体现在以下几个方面。

1. 数据泄露风险

随着数据资源的增加和数据流动的加速，数据泄露风险显著增加。例如，部分企业在数据存储和传输过程中缺乏有效的安全保护措施，导致数据泄露事件频发，影响企业的声誉和经济利益。

2. 数据滥用风险

在数据开放和共享过程中，数据滥用风险也随之增加。例如，一些企业和个人未经授权获取和使用他人的数据资源，导致数据隐私和商业机密泄露，影响数据所有者的权益和数据的合规性。

3. 数据管理不足

一些企业在数据管理方面缺乏系统性和规范性，数据的存储、传输和使用过程存在较多漏洞和隐患。例如，一些企业在数据分类、标识和存储方面缺乏统一规范，导致数据管理混乱，增加了数据安全风险。

（六）提升数据开放、标准化和安全水平的必要性

提升数据开放、标准化和安全水平，是推动产业数字化转型和保障数据安全的关键。

1. 推动数据共享和利用

通过提升数据开放水平，推动数据的共享和利用，释放数据资源的潜力和价值。例如，通过建立开放的数据平台和数据共享机制，促进不同企业和部门之间的数据交换与合作，提升数据利用效率和分析能力。

2. 提升数据标准化水平

通过提升数据标准化水平，确保数据的质量和兼容性，推动数据的互通互联和高效利用。例如，通过制定统一的数据标准和规范，规范数据的格式、定义和接口，提升数据的兼容性和可用性，提高数据分析的准确性和决策的科学性。

3. 保障数据安全性和合规性

通过提升数据安全水平，保障数据的安全性和合规性，防范数据泄露和滥用风险。例如，通过建立健全的数据安全保障体系，加强数据的存储、传输和使用过程的安全保护，防范数据泄露和滥用，确保数据的合规性和合法性。

六、数字化基础设施和基础设施数字化建设有待进一步推进

（一）数字化基础设施建设的现状分析

数字化基础设施是推动产业数字化转型的重要支撑，当前，我国在数字化基础设施建设方面取得了一定进展，但仍存在一些问题和挑战。

1. 区域发展不平衡

数字化基础设施建设在不同地区之间存在较大差距，特别是偏远地区，数字化基础设施建设相对滞后。例如，一些偏远地区的网络覆盖和通信设施不够完善，影响了当地企业和居民的数字化应用与服务。

2. 基础设施智能化水平不足

尽管我国在数字化基础设施建设方面取得了一定进展，但基础设施的智能

化水平仍有待提升。例如，一些城市的交通、能源、水务等基础设施的智能化管理和监控水平不高，影响了基础设施的运营效率和服务质量。

3. 基础设施互联互通不足

不同类型和不同领域的数字化基础设施之间的互联互通不足，影响了整体数字化基础设施的协同效应。例如，城市的智慧交通系统和智慧能源系统之间缺乏有效的互联互通，导致数据和资源的共享与协同利用困难，影响了城市的整体智能化水平。

（二）基础设施数字化改造的现状分析

在数字化基础设施建设的同时，传统基础设施的数字化改造也是推动产业数字化转型的重要任务，当前，我国在基础设施数字化改造方面仍存在一些问题和挑战。

1. 数字化改造投入不足

部分地区和企业在传统基础设施的数字化改造方面投入不足，导致数字化改造进程缓慢。例如，一些地方政府和企业在基础设施数字化改造方面缺乏资金与技术支持，导致改造项目推进困难，影响了整体数字化水平的提升。

2. 数字化改造技术能力不足

部分企业在传统基础设施的数字化改造方面技术能力不足，缺乏专业的技术团队和技术方案。例如，一些企业在进行基础设施数字化改造时，缺乏对数字化技术和应用的深入理解，导致改造效果不理想，影响了业务的数字化转型。

3. 数字化改造管理不足

部分企业在传统基础设施的数字化改造方面管理不足，缺乏系统性和规范性的管理措施。例如，一些企业在基础设施数字化改造过程中，缺乏统一的管理标准和规范，导致改造项目的推进和实施过程不顺畅，影响了改造效果和效率。

（三）推进数字化基础设施和基础设施数字化建设的必要性

推进数字化基础设施和基础设施数字化建设，是推动产业数字化转型和提升基础设施运营效率的关键。

1. 提升基础设施智能化水平

通过推进数字化基础设施建设，提升基础设施的智能化水平和运营效率。例如，通过建设智能交通系统、智能能源系统、智能水务系统等，提升基础设施的监控和管理水平，优化资源配置和利用，提升服务质量和运营效率。

2. 促进基础设施互联互通

通过推进基础设施数字化建设，促进不同类型和不同领域的基础设施之间的互联互通，提升整体数字化基础设施的协同效应。例如，通过构建城市的智慧城市平台，促进交通、能源、水务等基础设施的数据和资源共享，提升城市的整体智能化水平和服务能力。

3. 提升基础设施运营效率

通过推进基础设施数字化改造，提升传统基础设施的运营效率和服务质量。例如，通过对传统交通、能源、水务等基础设施进行数字化改造，提升监控和管理水平，优化资源配置和利用，提升运营效率和服务质量。

4. 推动区域均衡发展

通过推进数字化基础设施建设，推动区域均衡发展，缩小区域发展差距。例如，通过加大对偏远地区数字化基础设施建设的投入，提升这些地区的网络覆盖和通信设施水平，促进当地企业和居民的数字化应用与服务，推动区域经济和社会的均衡发展。

第三节　我国产业数字化转型的总体思路

一、多方面构建产业数字化转型新体系

（一）技术赋能

技术赋能是产业数字化转型的核心驱动力。通过新一代信息技术的应用，

企业可以提升生产效率、优化资源配置、实现业务创新。具体而言，技术赋能主要包括以下几个方面。

1. 大数据技术

大数据技术通过对海量数据的采集、存储、分析和利用，帮助企业洞察市场趋势、优化业务流程、提升决策效率。

2. 人工智能技术

人工智能技术通过机器学习、深度学习等算法，实现数据的智能分析和决策，推动业务的自动化和智能化。例如，制造企业通过应用人工智能技术，进行生产设备的故障预测和预防性维护，提高生产效率和设备利用率。

3. 物联网技术

物联网技术通过传感器、网络等设备，实现物理世界和数字世界的连接，推动业务的实时监控和管理。例如，农业企业通过物联网技术，实现农田环境的实时监测和精细化管理，提高农作物的产量和质量。

4. 云计算技术

云计算技术通过提供灵活、高效的计算资源和服务，降低企业的 IT 成本，提升业务的灵活性和扩展性。例如，企业通过使用云计算平台，快速部署和扩展业务应用，提高业务响应速度和服务水平。

5. 区块链技术

区块链技术通过去中心化、不可篡改的特性，提升数据的安全性和透明度，推动业务的可信互联和协作。例如，金融企业通过应用区块链技术，实现交易记录的透明和安全，提升金融服务的可信度和安全性。

（二）经济模式变革

数字化转型不仅是技术的变革，更是经济模式的重塑。通过数字技术的应用，企业可以创新商业模式、优化产业链条、提升市场竞争力。

1. 平台经济

平台经济通过构建开放、共享的数字平台，连接供需双方，实现资源的高效配置和共享。例如，电子商务平台通过连接卖家和买家，提供商品和服务的在线交易，推动消费模式的变革和商业模式的创新。

2. 共享经济

共享经济通过资源的共享和利用，降低成本、提高效率，实现经济效益和社会效益的双赢。例如，共享单车通过提供按需使用的自行车服务，提升城市交通的便利性和环保性。

3. 数字化供应链

数字化供应链通过数据的互通互联和实时监控，优化供应链的管理和运营，提高供应链的效率和透明度。例如，制造企业通过应用数字化供应链系统，实现供应链各环节的数据共享和协同优化，提升供应链的响应速度和效率。

4. 智能制造

智能制造通过数字技术的应用，实现生产流程的自动化和智能化，提高生产效率和产品质量。例如，制造企业通过应用智能制造系统，实现生产设备的智能控制和生产过程的实时监控，提升生产效率和产品质量。

（三）社会约束

数字化转型不仅是企业的变革，更是社会的变革。通过数字技术的应用，企业需要在法律法规、社会责任、伦理道德等方面进行规范和管理，确保数字化转型的可持续发展。

1. 法律法规

政府需要制定和完善相关法律法规，规范企业的数字化转型行为，确保数据的安全性和隐私保护。例如，制定数据安全法、个人信息保护法等法律法规，规范企业的数据采集、存储、处理和利用行为，保障公民的隐私权和数据安全。

2. 社会责任

企业在数字化转型过程中，需要承担相应的社会责任，确保数字化转型的可持续发展。例如，企业在数字化转型过程中，需要关注数据的伦理问题，确保数据的合法、合规使用，避免数据滥用和隐私侵犯。

3. 伦理道德

企业在数字化转型过程中，需要遵循伦理道德，确保技术的应用和业务的创新符合社会的伦理规范。例如，企业在应用人工智能技术时，需要关注算法的公平性和透明度，避免算法歧视和偏见。

（四）"新基建"

"新基建"是推动产业数字化转型的重要支撑。通过新型基础设施的建设，企业可以提升数字化转型的能力和水平，推动经济高质量发展。

1.5G 网络

5G 网络通过提供高速、低延时、广连接的通信环境，推动各行业的数字化应用和创新。例如，5G 网络可以支持自动驾驶、智慧城市、远程医疗等应用场景，提升业务的智能化和数字化水平。

2. 数据中心

数据中心通过提供高效、可靠的数据存储和处理能力，支撑企业的数字化转型和数据应用。例如，企业通过建设和使用数据中心，可以实现数据的高效存储、处理和分析，提升数据利用效率和业务创新能力。

3. 工业互联网

工业互联网通过连接生产设备和生产系统，实现生产过程的数字化和智能化，提高生产效率和产品质量。例如，制造企业通过应用工业互联网平台，实现生产设备的实时监控和智能控制，优化生产流程和资源配置，提高生产效率和产品质量。

4. 人工智能基础设施

人工智能基础设施通过提供计算能力、算法模型和数据资源，支撑人工智能技术的研发和应用。例如，企业通过建设和使用人工智能基础设施，可以加速人工智能技术的研发和应用，提升业务的智能化和自动化水平。

（五）新管理制度

数字化转型不仅需要技术和基础设施的支撑，还需要管理制度的创新。通过新管理制度的构建，企业可以提升数字化转型的管理能力和效率，确保数字化转型的顺利推进。

1. 数字化治理

数字化治理通过建立数字化管理体系和流程，提升企业的数字化管理能力和水平。例如，企业通过建立数字化治理框架，制订数字化转型的战略规划和实施方案，确保数字化转型的有序推进和高效管理。

2. 数据管理

数据管理通过规范数据的采集、存储、处理和利用，提升数据的管理和利用效率。例如，企业通过建立数据管理制度，规范数据的生命周期管理，确保数据的质量和安全，提升数据的利用效率和业务创新能力。

3. 组织变革

组织变革通过优化组织结构和管理模式，提升企业的管理效率和创新能力。例如，企业通过构建数字化组织架构，推动组织的扁平化和灵活化，提升管理效率和决策能力，支持数字化转型的推进和实施。

4. 人才管理

人才管理通过培养和吸引高素质的数字化人才，提升企业的数字化转型能力和水平。例如，企业通过制定人才发展战略，实施人才培训和引进计划，提升员工的数字化技能和素养，增强企业的创新能力和竞争力。

二、实现数字世界、物理世界和人的“三位一体”

（一）数字世界与物理世界的融合

数字世界与物理世界的融合，是产业数字化转型的重要方向。通过数字技术的应用，实现物理世界的数字化和智能化，推动业务的创新和发展。具体而言，数字世界与物理世界的融合主要包括以下几个方面。

1. 数字孪生

数字孪生技术通过建立物理实体的数字化模型，实现物理世界和数字世界的实时互动和协同。例如，制造企业通过构建生产设备的数字孪生模型，实现设备的实时监控和预测性维护，提升生产效率和设备利用率。

2. 物联网技术

物联网技术通过连接物理设备和数字系统，实现物理世界的数字化和智能化。

3. 增强现实技术和虚拟现实技术

增强现实技术和虚拟现实技术通过融合数字世界和物理世界，提升业务的体验和效率。例如，零售企业通过应用增强现实技术，实现虚拟试衣和虚拟购物，提升消费者的购物体验和满意度。

（二）人与数字世界的互动

人与数字世界的互动，是产业数字化转型的重要组成部分。通过数字技术的应用，提升人与数字世界的互动能力和体验，推动业务的创新和发展。

1. 智能交互技术

智能交互技术通过语音识别、自然语言处理等技术，实现人与数字系统的自然互动，提升用户体验和工作效率。例如，智能客服系统通过语音识别和自然语言处理技术，能够理解和响应用户的语音或文本输入，提供高效的客户服务和支持。

2. 人机协作技术

人机协作技术通过机器人、自动化设备等，实现人和机器的协同工作，提升生产效率和操作精度。例如，在制造行业，协作机器人可以与工人一起工作，完成复杂的装配操作或高危的生产任务，提升生产效率和产品质量。

3. 用户体验设计

通过用户体验设计，优化人与数字系统的互动界面和操作流程，提升用户的使用体验和满意度。例如，电子商务平台通过用户体验设计，优化网站和移动应用的界面，提升购物流程的便捷性和用户的购物体验。

（三）数字世界、物理世界和人的“三位一体”

实现数字世界、物理世界和人的“三位一体”，是产业数字化转型的最终目标。通过数字技术的应用，实现数字世界、物理世界和人的深度融合，推动业务的创新和发展。

1. 业务流程的数字化和智能化

通过数字技术的应用，实现业务流程的数字化和智能化，提升业务的运营效率和创新能力，提高工作效率和管理水平。

2. 产品和服务的数字化和智能化

通过数字技术的应用，实现产品和服务的数字化和智能化，提升产品和服务的竞争力和用户体验。

3. 组织和管理的数字化和智能化

通过数字技术的应用，实现组织和管理的数字化和智能化，推动组织的扁平化和灵活化，提升企业的管理效率和创新能力，支持数字化转型的推进和实施。

三、走中国特色的“新型 PPP”数字化转型发展路径

（一）“新型 PPP”模式的内涵和特点

“新型 PPP”（Public-Private Partnership）模式是指政府和社会资本通过合作，共同推动公共服务和基础设施建设的模式。在数字化转型过程中，“新型 PPP”模式具有以下内涵和特点。

1. 合作共赢

政府和社会资本通过合作，实现资源的共享和优化配置，推动公共服务和基础设施建设，实现合作共赢。例如，政府通过引入社会资本，提升基础设施建设的效率和质量；社会资本通过参与基础设施建设，获得投资回报和商业利益。

2. 风险分担

政府和社会资本通过合作，共同分担项目的风险，降低了项目的风险和不

确定性。例如，政府通过提供政策支持和风险保障，降低了社会资本的投资风险；社会资本通过提供资金和技术支持，提升了项目的可行性和稳定性。

3. 创新驱动

政府和社会资本通过合作，推动技术创新和管理创新，提升了项目的创新能力和竞争力。

（二）“新型 PPP”模式在数字化转型中的应用

“新型 PPP”模式在数字化转型过程中具有广泛的应用前景，具体而言，“新型 PPP”模式主要应用于以下几个方面。

1. 数字基础设施建设

政府和社会资本通过合作，共同推动 5G 网络、数据中心、工业互联网等数字基础设施的建设和发展。例如，政府通过提供政策支持和资金投入，社会资本通过提供技术和管理支持，共同推动数字基础设施的建设和运营，扩大数字基础设施的覆盖范围，提高服务水平。

2. 智慧城市建设

政府和社会资本通过合作，共同推动智慧城市的建设和发展。例如，政府通过提供政策支持和项目规划，社会资本通过提供技术和资金支持，共同推动智慧交通、智慧能源、智慧水务等智慧城市项目的建设和运营，提升城市的智能化和数字化水平。

3. 公共服务数字化

政府和社会资本通过合作，共同推动公共服务的数字化和智能化。例如，政府通过提供政策支持和数据资源，社会资本通过提供技术和管理支持，共同推动教育、医疗、交通等公共服务的数字化改造，提升公共服务的效率和质量。

4. 数字经济发展

政府和社会资本通过合作，共同推动数字经济的发展和创新。例如，政府通过提供政策支持和市场环境，社会资本通过提供技术和资金支持，共同推动平台经济、共享经济、智能制造等数字经济模式的发展和创新，提升经济的活力和竞争力。

（三）“新型 PPP”模式的实施路径

实施“新型 PPP”模式，需要政府和社会资本共同努力，推动模式的落地和发展。

1. 政策支持

政府需要制定和完善相关政策，提供政策支持和保障，推动“新型 PPP”模式的实施和发展。例如，政府可以出台“PPP 项目管理办法”“PPP 项目实施细则”等政策文件，规范 PPP 项目的实施流程和管理机制，提供政策支持和保障。

2. 项目规划

政府和社会资本需要共同制订项目规划，明确项目的目标、内容和实施路径，确保项目的可行性和可持续性。例如，政府和社会资本可以共同制订“智慧城市建设规划”“数字基础设施建设规划”等项目规划，明确项目的建设目标、内容和实施路径，确保项目的可行性和可持续性。

3. 资金保障

政府和社会资本需要共同提供资金支持，确保项目的资金需求和资金安全。例如，政府可以通过设立专项资金和基金，提供资金支持和保障，社会资本可以通过投资和融资，提供资金支持和保障，确保项目的资金需求和资金安全。

4. 技术支持

政府和社会资本需要共同提供技术支持，确保项目的技术需求和技术创新。例如，政府可以通过引入先进技术和创新资源，提供技术支持和保障，社会资本可以通过技术研发和创新应用，提供技术支持和保障，确保项目的技术需求和技术创新。

5. 管理机制

政府和社会资本需要共同建立管理机制，确保项目的实施和运营。例如，政府和社会资本可以共同建立项目管理委员会和运营管理机构，负责项目的实施和运营，确保项目的顺利推进和高效运营。

四、构建大中小企业开放、协同、融合发展的数字化生态格局

（一）大中小企业在数字化转型中的角色和优势

大中小企业在数字化转型中各具角色和优势，共同推动产业的数字化转型和创新发展。

1. 大企业的角色和优势

大企业在数字化转型中扮演着引领和推动的角色，具有雄厚的资金实力、先进的技术能力和丰富的管理经验。例如，大企业通过技术研发和应用创新，推动行业的技术进步和模式创新，提升整体产业的竞争力和创新力。

2. 中小企业的角色和优势

中小企业在数字化转型中扮演着补充和创新的角色，具有灵活的经营模式、快速的市场响应和强烈的创新动力。例如，中小企业通过灵活的经营模式和快速的市场响应，及时把握市场需求和技术趋势，进行业务创新和模式创新，推动产业的数字化转型和创新发展。

（二）开放、协同、融合发展的数字化生态格局

构建大中小企业开放、协同、融合发展的数字化生态格局，是推动产业数字化转型的重要途径。

1. 开放合作

大中小企业通过开放合作，实现资源的共享和优化配置，推动数字化转型的深入发展。例如，大企业通过开放技术和平台资源，为中小企业提供技术支持和市场机会；中小企业通过参与大企业的生态系统，提升技术能力和市场竞争力，实现合作共赢。

2. 协同创新

大中小企业通过协同创新，共同推动技术创新和模式创新，提升整体产业

的创新能力和竞争力。例如，大企业通过与中小企业的合作，共同开展技术研发和应用创新，推动技术进步和模式创新，提升整体产业的创新能力和竞争力。

3. 融合发展

大中小企业通过融合发展，推动业务的协同和产业链的整合，提升整体产业的协同效应和竞争力。例如，大企业通过与中小企业的合作，推动业务的协同和产业链的整合，实现资源的优化配置和业务的高效运营，提升整体产业的协同效应和竞争力。

第四节　我国产业数字化转型的策略指导

一、强化顶层设计，加强组织保障

（一）顶层设计的重要性

顶层设计是推动产业数字化转型的关键环节。通过明确的战略目标和系统的规划，可以确保数字化转型的有序推进和高效管理。顶层设计的主要意义包括以下几项。

1. 战略引领

顶层设计提供了明确的发展方向和战略目标，引领产业数字化转型的整体布局和实施路径。例如，通过制订国家级的数字化转型战略规划，明确各行业的数字化转型目标和任务，推动数字化转型的深入发展。

2. 资源整合

顶层设计有助于整合各类资源，优化资源配置，提升资源利用效率。例如，通过制定综合性的数字化转型政策，整合技术、资金、人才等各类资源，推动数字化转型项目的实施和发展。

3. 协同推进

顶层设计能够推动各部门、各行业的协同合作，实现数字化转型的整体推进。例如，通过建立跨部门的协调机制，推动政府、企业、科研机构等多方协同合作，共同推动数字化转型的实施和发展。

（二）强化顶层设计的路径

强化顶层设计，需要政府、企业和社会共同努力，形成多方协同的合力。具体实施路径包括以下几项。

1. 制订战略规划

政府需要制订国家级和行业级的数字化转型战略规划，明确数字化转型的目标、任务和实施路径。例如，政府可以制定“国家数字经济发展战略规划”“工业互联网发展行动计划”等战略规划，明确各行业的数字化转型目标和任务，推动数字化转型的深入发展。

2. 优化政策体系

政府需要优化数字化转型的政策体系，提供政策支持和保障。例如，政府可以出台“数字经济促进法”“数字化转型支持政策”等政策文件，规范数字化转型的发展和管理，提供政策支持和保障。

3. 建立协调机制

政府需要建立跨部门的协调机制，推动各部门、各行业的协同合作。例如，政府可以设立国家级的数字化转型协调机构，负责统筹协调各部门、各行业的数字化转型工作，确保数字化转型的有序推进和高效管理。

4. 加强政策宣传

政府需要加强数字化转型政策的宣传，提升全社会对数字化转型的认识和支持。例如，政府可以通过新闻媒体、宣传活动等多种渠道，宣传数字化转型的政策和意义，提升公众对数字化转型的认识和支持，推动数字化转型的深入发展。

（三）加强组织保障的路径

加强组织保障，是确保数字化转型顺利推进的重要举措。具体实施路径包括以下几项。

1. 建立专门机构

政府需要设立专门的数字化转型管理机构，负责统筹协调数字化转型工作。例如，政府可以设立国家数字化转型办公室，负责制定数字化转型政策，协调各部门的数字化转型工作，确保数字化转型的顺利推进。

2. 完善管理机制

政府需要建立和完善数字化转型的管理机制，提升管理效率和科学性。例如，政府可以通过制定数字化转型管理办法，规范数字化转型项目的管理流程和评估机制，提升管理效率和科学性，确保数字化转型的高效实施。

3. 加强人才保障

政府和企业需要共同推动数字化转型人才的培养和引进，提升人才保障水平。例如，政府和企业可以通过设立数字化转型人才培养基地，提供专业的培训和实践机会，培养高素质的数字化人才，确保数字化转型的顺利推进。

4. 提升执行力

政府和企业需要提升数字化转型的执行力，确保各项政策和措施的落实。例如，政府和企业可以通过制订数字化转型实施方案，明确各项任务和责任，推动数字化转型的高效实施和落实。

二、完善政策法规，培育良好环境

（一）政策法规的重要性

政策法规是推动产业数字化转型的重要保障。通过完善的政策法规，可以规范企业和个人的数字化行为，保障数字化转型的合法、合规和有序进行。政策法规的重要性包括以下几项。

1. 规范行为

政策法规可以规范企业和个人的数字化行为，确保数字化转型的合法、合规。例如，通过制定数据安全法、个人信息保护法等法律法规，规范数据的采集、存储、处理和利用行为，保障公民的隐私权和数据安全。

2. 保护权益

政策法规可以保护企业和个人的合法权益，激励企业和个人进行技术创新和业务创新。例如，通过制定知识产权法、商业秘密保护法等法律法规，保护企业和个人的技术创新成果，激励企业和个人进行技术研发和业务创新。

3. 营造环境

政策法规可以营造良好的数字化转型环境，推动数字化转型的深入发展。例如，通过制定数字经济促进法、数字化转型支持政策等政策文件，提供政策支持和保障，营造良好的数字化转型环境，推动数字化转型的深入发展。

（二）完善政策法规的路径

完善政策法规，需要政府、企业和社会共同努力，形成多方协同的合力。具体实施路径包括以下几项。

1. 制定数字化转型相关法律

政府需要制定和完善数字化转型相关法律，规范企业和个人的数字化行为，以及规范数据的采集、存储、处理和利用行为，保护企业和个人的合法权益。

2. 优化数字化转型政策

政府需要优化数字化转型的政策体系，提供政策支持和保障。例如，政府可以出台“数字经济促进办法”“数字化转型支持政策”等政策文件，规范数字化转型的发展和管理，提供政策支持和保障。

3. 加强政策法规的宣传和落实

政府需要加强数字化转型政策法规的宣传和落实，提升全社会对政策法规的认识和理解。例如，政府可以通过新闻媒体、宣传活动等多种渠道，宣传数字化转型的政策法规，提升公众对政策法规的认识和理解，推动政策法规的落实和实施。

4. 建立政策法规评估机制

政府需要建立和完善数字化转型政策法规的评估机制，提升政策法规的科学性和有效性。例如，政府可以通过设立政策法规评估机构，定期评估数字化转型政策法规的实施效果，提出改进意见和建议，提升政策法规的科学性和有效性。

三、注重案例总结，加快示范推广

（一）案例总结的重要性

案例总结是推动产业数字化转型的重要方法。通过总结和推广成功的数字化转型案例，可以提供实践经验和参考，激励和引导更多企业进行数字化转型。案例总结的重要性包括以下几项。

1. 提供经验借鉴

通过总结成功的数字化转型案例，可以为其他企业提供实践经验和参考，帮助企业规避风险、优化策略。例如，通过总结某制造企业的智能化转型经验，可以为其他制造企业提供实践参考，提升转型效果。

2. 激励企业创新

通过推广成功的数字化转型案例，可以激励更多企业进行技术创新和业务创新，推动产业的整体升级。例如，通过宣传某电商企业的数字化营销创新案例，可以激励其他企业进行数字化营销创新，提升市场竞争力。

3. 提升社会认知

通过总结和推广数字化转型案例，可以提升全社会对数字化转型的认知和支持，营造良好的数字化转型氛围。例如，通过宣传某智慧城市的建设案例，可以提升公众对智慧城市的认知和支持，推动智慧城市的发展和应用。

（二）加快示范推广的路径

加快示范推广，需要政府、企业和社会共同努力，形成多方协同的合力。具体实施路径包括以下几项。

1. 选择典型案例

政府和企业需要选择具有代表性的数字化转型案例，进行总结和推广。例如，政府可以通过设立数字化转型示范项目，选择具有代表性的企业和项目，进行案例总结和推广，提供实践经验和参考。

2. 编制案例集锦

政府和行业协会可以编制数字化转型案例集锦，汇集和总结成功的数字化转型案例。例如，政府和行业协会可以通过调研和评选，编制“数字化转型案例集锦”，汇集和总结各行业的成功案例，提供实践参考和经验借鉴。

3. 举办案例交流会

政府和行业协会可以举办数字化转型案例交流会，分享和交流成功的数字化转型案例。例如，政府和行业协会可以通过举办数字化转型论坛、技术交流会等活动，邀请企业和专家分享和交流成功案例，提升企业的转型意识和能力。

4. 建立示范推广机制

政府需要建立和完善数字化转型示范推广机制，推动典型案例的广泛应用和推广。例如，政府可以通过设立示范项目和试点区域，推广成功的数字化转型模式，形成可复制、可推广的经验，推动其他地区和行业的数字化转型。

5. 提供政策支持

政府需要提供政策支持，激励和引导企业进行数字化转型。例如，政府可以通过提供资金补助、税收优惠、技术支持等政策措施，鼓励企业进行数字化转型，推广成功的转型案例，推动全行业的数字化升级。

四、建设公共平台，推动协同合作

（一）公共平台的重要性

公共平台是推动产业数字化转型的重要工具。通过建设和运营公共平台，可以提供技术支持、资源共享和协同合作的机会，提升整体产业的数字化水平。公共平台的重要性包括以下几项。

1. 技术支持

公共平台可以提供技术支持，帮助企业进行数字化转型。例如，公共平台可以提供云计算、大数据、人工智能等技术服务，帮助企业解决技术难题，提升转型效率。

2. 资源共享

公共平台可以实现资源共享，优化资源配置，提高资源利用效率。例如，公共平台可以共享数据资源、技术资源和市场资源，帮助企业降低成本，提升竞争力。

3. 协同合作

公共平台可以促进企业之间的协同合作，推动技术创新和业务创新。例如，公共平台可以提供合作对接和项目孵化服务，推动企业之间的技术合作和业务协同，提升整体产业的创新能力。

（二）建设公共平台的路径

建设公共平台，需要政府、企业和社会共同努力，形成多方协同的合力。具体实施路径包括以下几项。

1. 规划设计

政府和企业需要共同规划和设计公共平台，明确平台的功能和目标。例如，政府和企业可以通过联合调研和论证，制订公共平台的建设规划和设计方案，明确平台的功能和目标，确保平台的高效建设和运营。

2. 技术开发

政府和企业需要共同推动公共平台的技术开发，确保平台的技术先进性和适用性。例如，政府和企业可以通过设立技术开发团队和创新实验室，开展公共平台的技术研发和应用创新，确保平台的技术先进性和适用性。

3. 资源整合

政府和企业需要整合各类资源，推动公共平台的建设和运营。例如，政府可以提供政策支持和资金投入，企业可以提供技术支持和市场资源，共同推动公共平台的建设和运营，确保平台的高效运行和服务水平。

4. 运营管理

政府和企业需要共同管理和运营公共平台，确保平台的持续发展和高效服务。例如，政府和企业可以通过设立公共平台管理机构，负责平台的运营管理和服务提升，确保平台的持续发展和高效服务。

五、开放合作创新，深化全球合作

（一）全球合作的重要性

在全球化背景下，开放合作创新和深化全球合作是推动产业数字化转型的重要策略。通过全球合作，可以借鉴国际先进经验，提升技术创新能力和市场竞争力。全球合作的重要性包括以下几项。

1. 借鉴经验

通过全球合作，可以借鉴国际先进的技术和管理经验，提升企业的数字化转型水平。例如，企业可以通过与国际领先企业的合作，学习先进的技术和管理经验，提升自身的技术能力和管理水平。

2. 技术创新

通过全球合作，可以推动技术创新和应用，提升整体产业的创新能力。例如，企业可以通过参与国际技术合作和研发项目，推动前沿技术的研发和应用，提升技术创新能力和市场竞争力。

3. 市场拓展

通过全球合作，可以拓展国际市场，提升企业的市场竞争力和影响力。例如，企业可以通过与国际企业的合作，进入国际市场，提升市场份额和品牌影响力。

（二）推动全球合作的路径

推动全球合作，需要政府、企业和社会共同努力，形成多方协同的合力。具体实施路径包括以下几项。

1. 制定合作政策

政府需要制定和实施有利于全球合作的政策，提供政策支持和保障。例如，政府可以出台“国际科技合作政策”“跨国投资支持政策”等政策文件，规范和支持全球合作，提供政策支持和保障。

2. 建设合作平台

政府和企业需要建设和运营全球合作平台，提供合作对接和交流机会。例如，政府和企业可以通过设立国际合作平台和科技交流中心，推动企业和科研机构的国际合作和技术交流，提升合作效果和创新能力。

3. 开展合作项目

政府和企业需要共同推动国际合作项目，推动技术创新和应用。例如，政府和企业可以通过设立国际科技合作项目和产业合作项目，共同开展技术研发和应用创新，提升技术创新能力和市场竞争力。

4. 引进国际人才

政府和企业需要引进国际高端人才，提升技术创新能力和国际竞争力。例如，政府和企业可以通过设立国际人才引进计划，吸引和引进国际高端人才，提升技术创新能力和国际竞争力。

参考文献

[1] 刘震．数智化革命：价值驱动的产业数字化转型 [M]．北京：机械工业出版社，2022.

[2] 白涛，单晓宇，褚楚．数字化转型模式与创新：从数字化企业到产业互联网平台 [M]．北京：机械工业出版社，2022.

[3] 刁生富，冯利茹．重塑：大数据与数字经济 [M]．北京：北京邮电大学出版社，2020.

[4] 杜国臣，李凯．中国数字经济与数字化转型发展 [M]．北京：中国商务出版社，2021.

[5] 杜庆昊．数字经济协同治理 [M]．长沙：湖南人民出版社，2020.

[6] 龚勇．数字经济发展与企业变革 [M]．北京：中国商业出版社，2020.

[7] 胡拥军，单志广．数字引领未来：数字经济重点问题与发展路径研究 [M]．北京：中国计划出版社，2023.

[8] 黄奇帆，朱岩，邵平．数字经济：内涵与路径 [M]．北京：中信出版社，2022.

[9] 李广瑜，史占中．新产业革命背景下我国产业转型升级研究 [M]．上海：上海交通大学出版社，2023.

[10] 李瑞．数字经济建设与发展研究 [M]．北京：中国原子能出版社，2021.

[11] 刘西友．新治理：数字经济的制度建设与未来发展 [M]．北京：中国科学技术出版社，2022.

[12] 毛丰付，娄朝晖．数字经济：技术驱动与产业发展 [M]．杭州：浙江工商大学出版社，2021.

[13] 彭俊松，孙惠民．软件定义智慧企业：企业应用软件赋能数字化转型 [M]．北京：机械工业出版社，2022．

[14] 裘莹．中国数字经济的全球价值链重构研究：微观机理与实现路径 [M]．北京：中国商务出版社，2021．

[15] 申雅琛．数字经济理论与实践 [M]．长春：吉林人民出版社，2022．

[16] 唐晓乐，刘欢，詹璐遥．数字经济与创新管理实务研究 [M]．长春：吉林人民出版社，2021．

[17] 王海梅．换道超车：迈向数字经济新时代 [M]．南京：江苏人民出版社，2023．

[18] 王世渝．数字经济驱动的全球化 [M]．北京：中国民主法制出版社，2020．

[19] 鄢小兵．数字经济下中国产业转型升级研究 [M]．长春：吉林出版集团股份有限公司，2020．

[20] 严谨．数字经济：从数字到智慧的升级路径 [M]．北京：九州出版社，2021．

[21] 岳建明．数字化转型：数字经济重塑世界经济 [M]．北京：中国纺织出版社，2023．

[22] 张立．区块链：构建数字经济新世界 [M]．北京：科学普及出版社，2021．

[23] 张晓燕，张方明．数实融合：数字经济赋能传统产业转型升级 [M]．北京：中国经济出版社，2022．

[24] 张雪芳．数字金融驱动经济高质量发展路径研究 [M]．长春：吉林大学出版社，2022．

[25] 中国科学院科技战略咨询研究院课题组．产业数字化转型 [M]．北京：机械工业出版社，2020．

[26] 周民，王晓冬．走进数字经济 [M]．北京：国家行政学院出版社，2023．